땅을 읽고 집을 짓다

임병훈 지음

주식회사 주택문화사

초판 2쇄 발행 2015년 2월 7일
지은이 임병훈

발행인 이 심
편집인 임병기
책임편집 이세정
기획편집 정사은, 조고은
사진 변종석, 최지현
디자인 정재현
마케팅 서병찬, 장성진
관리 이미경

출력 삼보프로세스
용지 영은페이퍼
인쇄 애드그린 인쇄

발행처 주택문화사
출판등록번호 제13-177호
주소 서울시 강서구 강서로 466 우리벤처타운 6층
전화 02-2664-7114
팩스 02-2662-0847
홈페이지 www.uujj.co.kr

정가 18,000원
ISBN 978-89-6603-017-0

서울에서 제주까지
우리 땅에 맞는 디자인 주택

일러두기

* 본문에 실린 건축 자재비 및 시공비는 건축 시기와 환율 변동에 따라 차이가 있습니다.
* 독자들의 이해를 돕기 위해 법정계량단위 제곱미터와 평을 함께 사용했습니다.

시작하며

나에게 가장 처음 주택디자인을 의뢰한 건축주는 '아버지'였다.

아버지는 고향 땅 인근에 200여 평 되는 땅을 사놓으셨는데, 그 땅에 집을 지어 귀촌하겠다 하시며 나에게 대뜸 설계를 맡기신 것이다. 당시 나는 학교를 졸업한 지 1년밖에 되지 않아 실무에 대해서는 아는 것이 거의 없었다. 말 그대로 '생초짜' 였다.

하지만 아버지의 유별난 추진력으로 일은 빠르게 진행됐다. 내가 설계한 집의 모양은 아버지와 어머니의 많은 관심을 받으며 점점 그 형태를 갖춰가고 있었다. 약간 세모진 땅 위에 집을 앉히고 주어진 여건에 맞추어 집을 짓는 과정을 겪으며, 주택을 디자인하는 일에 더 관심을 두게 됐다. 그때 느꼈던 것들이 방향타가 되어 지금 여기까지 오게 된 것이 아닐까 싶다. 지금 와 시기를 대충 따져보니 그게 벌써 12년 전이다.

나의 첫 주택 설계작이었던 아버지의 집은 서울로 다시 올라오셔야 했던 부모님의 사정으로, 3년 후 매매의 과정을 겪게 된다. 그때 겪었던 일들은 집을 디자인했을 때보다 더 강렬한 기억으로 남아 있다. 그저 시골집 한 채에 지나지 않았는데, 예상 외로 많은 사람의 관심을 받았던 것이다.

집을 팔기 위해 몇 군데의 부동산 사이트에 광고를 냈을 땐, 이 사람 저 사람이 인터넷에 올린 많은 매물 중 하나일 뿐이었다. 그런데 신기한 일이 벌어졌다. 전국에서 사람들이 하루에 몇 팀씩 아버지의 집에 모여들기 시작했고, 그 중에는 심지어 인터넷상에 올라온 사진이 마냥 예뻐서 단순히 구경차 들렀다는 분도 있었다. 급기야 아버지는 집을 팔려고 내놓은 건지 자랑하려고 내놓은 건지 헷갈리기 시작하셨고, 두 달의 시간이 정신없이 흐르자 서른 평 남짓의 작은 집은 거짓말처럼 팔려버렸다.

그때 궁금했던 것이 딱 두 가지였다.

하나는 '으리으리하지 않은 시골 외딴 집일 뿐인데, 사람들이 관심을 갖네?' 하는 것, 다른 하나는 '이 일을 그냥 넘기지 말고, 앞으로 주택 설계 · 디자인 작업을 제대로 해 본다면 사람들은 어떤 반응일까?' 하는 것.

이 일을 계기로 인터넷상에서 집짓기를 준비하는 사람들의 디자인컨설팅을 하기 시작했다. 그러다 우연찮은 기회로 사람들에게 이름이 알려지게 되고, 지금은 경복궁 근처에 사무실을 얻어 정식으로 오픈하기에 이르렀다. 그동안 많은 건축주를 만나 이야기를 나누고 집을 지으며 느낀 점은 당시 품었던 질문에 대한 정답은 없다는 것이다. 하지만 다양한 선택지를 경험하며 나름의 답을 내려왔고, 그 안에서 일정하게 흐르는 어떤 방향성을 발견할 수 있었다.

주택을 설계하면서 항상 느끼게 되는 점은 건축주들이 '내가 가진 땅에, 내가 가진 예산으로 과연 어느 정도 규모의, 어떤 형태의 집이 만들어질까?' 하는 것을 가장 궁금해 한다는 것이다. 이 책에서는 땅과 자본, 디자인이 어떻게 조화를 이루며 결과물을 빚어내는지 11가지 사례를 통해 보여드릴 생각이다. 이것이 또 한 가족의 집짓기에 좋은 안내서가 되어 그들만의 답을 내리는 데 도움이 될 수 있기를 바란다.

홈스타일토토 소장 임병훈

추천의 글

그를 처음 만난 건 지금으로부터 6년 전, 강남의 한 빌딩에서였다. 그는 선배 건축가 사무실에 책상 하나를 얻고, 도면을 그려 팔고 있었다. 초미니 주거, 1억원 내외 주택 등을 설계하고 도면만 판다는 독특한 설정에 끌려, 내가 먼저 전화를 했던 것으로 기억한다.

그때만 해도 주택을 설계하는 사람은 건축가 아니면 집장사였다. 작품 주택, 아니면 일반 집으로 양분되는 시장에서 이 독특한 전략을 들고 나타난 사람이 궁금했다. 아울러 이 시도가 우리나라의 평범한 건축주들을 움직일 수 있을지 탐색해 보고 싶었다. 드디어 그와 마주한 날, 우리는 애석하게도 공중에 붕 뜬 이야기로 한참의 시간을 보냈다.

뭔가 개성 넘치고 특이한 사람일 거라 기대했던 예상은 빗나가고, 내 앞에는 피곤에 쩔어 예민하고 건조한 분위기의 한 남자가 앉아 있었다. 그동안 다른 건축사사무소에서 느껴 온 익숙한 분위기였다. 시장 돌아가는 이야기, 주택 관련 잡지나 책 이야기 등을 지루하게 나누다 내가 거의 가방을 챙기려는 순간, 그가 주춤거리며 도면을 내놓았다.

당시 난 그의 도면을 무슨 보물 지도처럼 한참을 들여다 본 것 같다. 고작 20평이 조금 넘는 주택이었는데, 매수만 거의 100장에 달하는 묶음이었다. 기본적인 입면, 단면, 평면에 부위별 각 자재는 브랜드에 사양까지 명시되어 있었고, 모든 최종마감재는 컬러 이미지까지 첨부해 보기 좋게 제본되어 있었다.

건축의 'ㄱ' 자도 모르는 사람이 보아도, 집이 어떤 모양으로 지어질지 어느 정도 짐작할 수 있는, 굳이 집을 짓지 않아도 그냥 갖고 싶은 도면이었다.

지금 내가 알고 지내는 임병훈 소장은 6년 전과는 많이 다르다. 까까머리에 동안은 여전하지만, 인상과 말투는 카페 사장님 같아졌다. 같은 자리에서 몇 시간 수다도 잘 떨고 재미없는 말에 박수도 잘 친다. 원래 성격을 어렴풋이 알고 있기에 그런 변화가 어떤 노력을 통해 얻어진 것인지 나는 알고 있다.

그는 한 매체와의 인터뷰에서 "초창기에는 사기도 당하고, 일만 하다 '팽' 당하기도 했던 그야말로 암흑기였다. 이렇게 별별 일을 다 겪고 나니 건축주들과 허허실실할 수 있는 경지에 이르렀다" 고 스스로 밝히기도 했다.

그가 이 모든 것을 견디고 건축주들의 응원을 받으며 여기까지 올 수 있었던 것은 처음 나에게 보여 준 '도면의 힘' 때문이라고 짐작한다. 그의 섬세한 디자인 능력은 주택에 집중하면서 더욱 치열해졌고, 시공과 감리까지 아우르는 시각은 더욱 넓어지고 있다. 이런 그가 이제는 단순히 디자인에 그치지 않고, 제대로 짓고 행복하게 사는 모습까지 직접 챙기겠다고 나서고 있다. 시공 문제로 늘 골치 아파하는 건축주들의 마음을 알기 때문이다. 옆에서 이를 지켜보며 말리기도 하고 걱정도 대신 하고 있지만, 아마 그는 이제껏 시장에 없던 새로운 시스템을 또 만들어 갈 생각인 모양이다.

어느 시장에나 블루오션은 있다. 깊은 잠재력을 가진 보이지 않는 실체는 달콤한 가능성만큼 무모한 도전 의식을 필요로 한다. 무미건조하게 흘러가는 건축 시장에서 새로운 시장 경계선을 구축하고 그 전에 없던 고객을 찾아 나선 건, 아마 그였기에 가능한 일이었을 것이다. 그는 이렇게 스스로의 자리를 탐색하고, 그 자리로 사람들을 모아왔다. 이 책에서는 그 지난 과정의 이야기를 10%도 담지 못했을 것이다. 그래도 행간마다 그의 진심이 숨어 있는 건 확신한다. **그건 그를 진짜 만나보면 안다.**

월간 〈전원속의 내집〉 편집장 이세정

목차

CASE 01
도심형 단독주택

구시가지에 집짓기

충주 교현동 주택

충주 교현동 주택

건물이 빽빽한 도심 주택가,
이곳에서 쾌적함을 얻으려면 어떻게 해야 할까?

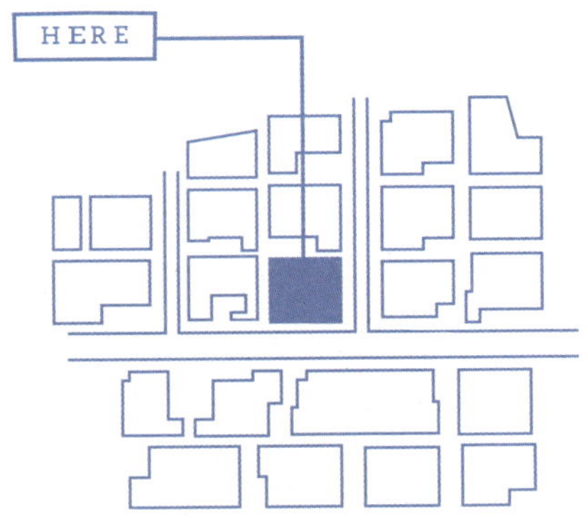

건축주 가족구성
30대 부부 + 아들1, 딸1

대지면적
183.70㎡ / 55.57평

총면적
95.17㎡ / 28.79평

도심 구시가지에 단독주택을 지을 때는 여유 공간과 채광을 확보하는 것이 관건

1. 법정 용적률을 모두 채우지 않고 마당과 주차공간을 여유 있게 확보
2. 천장고를 높이고 부분 복층으로 구성하여 채광을 충분하게

전통적인 중소도시 '충주' 중심에 위치한 교현동.

오래되어 낡고 쇠락한 주택가이지만 주거 밀도가 낮고 공원, 편의시설이 가까우며 교통까지 편리해 비교적 거주여건이 안정된 동네다. 건축을 계획하던 당시에는 땅값도 거품이 없던 상태. 건축주는 오랜 시간 매물 탐색을 거친 끝에 40년 된 구옥을 매입했고, 드디어 꿈에 그리던 내 집 짓기를 시작했다.

구시가지에 집짓기

구시가지 주택가에 집을 지을 때는 상하수도, 전기 등의 기반시설이 잘 갖추어져 있어 건축비 이외의 간접비용이 시골에 집을 짓는 것보다 적게 든다는 장점이 있다. 이웃집들이 다닥다닥 붙어 있기 때문에 공사기간 중 갖가지 민원이 발생할 수 있다는 것은 단점이다.

구옥이 있던 때의 야경

철거

철거 완료 / 구옥 멸실 신고 / 착공 준비

디자인 접근법

기존의 집은 대지를 가득 메워 들어찬 모습이었지만, 구옥을 철거하고 주택을 신축할 때에는 일조권 사선제한 법규의 적용을 받아 뒷집과의 거리에 여유를 두어야 했다. 그리고 마당을 확보하기 위해 대지의 서쪽을 터주고 나니, 정작 이 집의 채광이 문제였다. 사진에는 나오지 않았지만, 바로 앞에 3층 높이의 원룸 건물이 있었기 때문에 집의 채광이 제대로 확보될 수 있을까 하는 것이 건축주의 가장 큰 걱정이었다.

이에 따라 기초를 조금 돋워 1층을 시작하였고, 거실과 주방으로 이어지는 공간의 천장고를 높게 구성한 후 전면에 큰 창을 내어 채광을 충분히 확보했다. 2층은 건축주 부부의 프라이빗한 공간만으로 구성했는데, 이곳 역시 큰 창을 통해 햇볕을 충분히 받을 수 있도록 했다.

주변 환경의 한계를 극복하고 채광에 유리한 집을 지을 수 있었던 것은 욕심을 버리고 자신의 삶을 담은 집을 짓고자 했던 건축주 덕분이다. 건축주는 용적률을 꽉 채워 3층짜리 수익형 주택을 건축할 수 있었음에도 그렇게 하지 않았다. 가족이 오랫동안 지낼 공간에 대한 밑그림을 그려놓고 있었기 때문에, 집을 디자인하는 설계자 입장에서도 그것을 충실히 반영하여 공간을 구현할 수 있었다.

디자인 프로세스

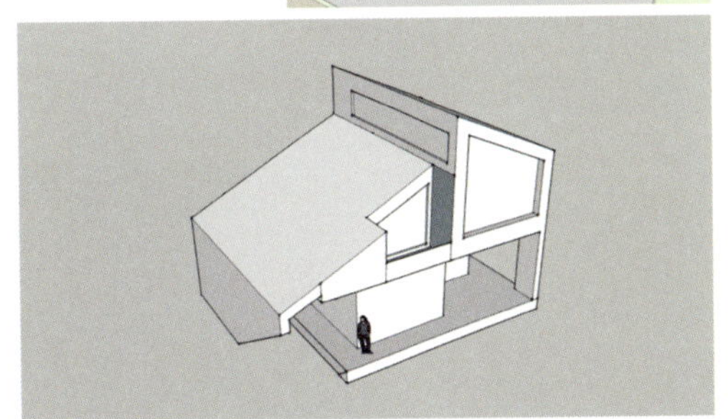

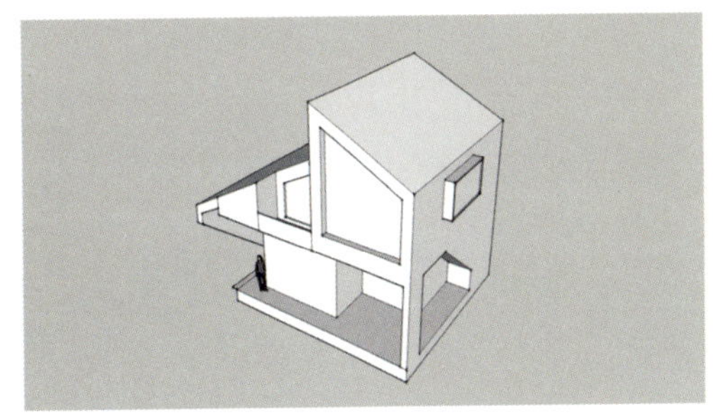

충주
교현동
주택의
/
메인
디자인
콘셉트

1 멀리서도 눈에 쏙 들어오는 집

대지가 협소한 전형적인 구시가지에서의 단독주택 작업이었으므로, 자칫 다닥다닥 붙어 있는 주택들 사이에 묻힐 수도 있는 상황이었다. 건축주는 무엇보다 채광을 중요하게 생각했고, 이에 기초를 높여 집을 짓고 내부 공간은 콤팩트하게 구성하여 복층으로 설계했다. 주택 전면에는 수직으로 긴 창들을 배치하여 채광을 확보하고, 지붕 아래 다락 공간과 오픈 천장을 통해 재미있는 공간감을 유도하는 동시에 좁은 공간이 더욱 넓어 보이도록 했다. 주어진 조건에서 최적의 공간구성을 구현하려고 노력한 결과, 빽빽한 도심 속에서도 단연 돋보이는 집을 완성할 수 있었다.

2 가족이 함께 소통하는 공간

주방의 좌식평상은 이 집에서 가족구성원을 한 곳으로 모으는 역할을 한다. 식사, 독서, 인터넷 서핑 등의 다양한 행위가 이루어질 수 있는 복합공간이자, 가족구성원이 가장 많이 소통할 수 있는 장소로 구성했다.

3 여유 있는 마당과 실용적인 공간 설계

예산이 충분치는 않았지만, 절대 면적을 최대한 뽑아내려 하는 일반적인 집짓기와 달리 충주 교현동 주택은 도심 단독주택의 핵심요건인 쾌적한 외부 공간 확보와 콤팩트한 실내 공간 만들기에 주력하였다. 덕분에 작은 집의 규모에 비해 여유 있는 마당과 면적대비 아기자기하고 실용성 있는 실내 공간을 확보할 수 있었다. 특히 마당을 더욱 친숙한 공간으로 만들기 위해 각 입면에 툇마루를 설치하여 마당을 조망하게 했다. 툇마루는 걸터앉는 역할 외에도 하부 수납의 역할을 하는데, 공간과 공간 사이의 중간영역을 어떻게 설정하는가에 따라 집의 공간적 깊이가 달라짐을 느낄 수 있는 디자인이다.

건축주 곽 선생님께

보내주신 편지를 받고, 집의 규모를 작게 잡고 계신 것에 신선한 느낌을 받았습니다. 대부분 적은 예산으로 최대한 많은 면적을 확보하려 하시거든요.
그런 점 때문에 좋은 디자인을 해치게 되거나 양질의 시공자를 소개해 드리지 못하는 일이 많아 늘 안타까웠습니다.
사실 시공사에서도 일의 규모가 너무 작고 골치 아픈 요소가 많다고 생각될 때는 일을 잘 맡으려고 하지 않아요.ㅠㅠ
그래서 작고 알찬 집을 계획하시는 분들에게는 항상 '작은 집을 짓겠다는 관점을 끝까지 유지하시라' 는 말씀을 꼭 드립니다.
일반적으로 같은 금액이면 면적을 최대한 뽑는 것이 이득이라고 생각하시지만,
같은 금액에 면적을 최소화해야 공간의 퀄리티가 높아지는 것이 명백한 사실입니다.
또, 그랬을 때 양질의 시공사가 일 자체에 매력을 느껴 의욕을 갖고 나서게 되기도 하고요.
그런 의미에서 접근을 잘하고 계신 것 같습니다.
이제는 집에 자신만의 삶과 이야기를 담아내는 시대니까요.
2011. 11. 22

임 소장님께

안녕하세요, 임 소장님. 답신을 바로바로 주셔서 감사합니다.
오늘은 신축할 주택에 대한 제 희망 사항을 구체적으로 말씀드리려고 합니다.
먼저, 면적은 소장님 말씀대로 욕심내지 않고 20평 정도로 생각하고 있습니다.
지금 살고 있는 24평 아파트(방3, 욕실1 / 전용면적 18평)와 비교해서 방을 하나 줄이고 작은 욕실을 추가하면 얼추 적당한 면적이 나오지 않을까 생각합니다.
꼭 정원이나 텃밭을 가꾸고 싶은 마음에
마당 면적을 최대한 확보할 수 있는 2층 주택을 생각해 왔습니다만, 다시 고민해보니 계단 면적만 해도 상당한 공간을 차지할 것이고 안사람이나 저나 막상 계단 오르내리는 게 귀찮고 힘들지 않을까 하는 생각이 들어 일단 단층집을 짓는 것으로 이야기가 일단락됐습니다.
생활 면적이 너무 좁다면 거실이나 주방 일부를 복층으로 하면 어떨까 하는 생각도 들고요. 기초는 되도록 조금 높였으면 합니다.
건축물대장을 확인해 보니 대지 앞 원룸 건물 높이가 10m 정도더라고요. (4층은 옥탑이라 중간 일부만 높습니다.)
현재 집 기준으로 동간거리는 원룸 주차장, 소방도로, 마당까지 해서 14m 정도 됩니다.
동지의 경우 태양의 고도각이 30도가량이므로, 현재 상태로는 겨울엔 해가 원룸 양옆에 있을 때만 볕이 듭니다.
최대한 기초를 높여서 집을 짓는다면 겨울에도 햇볕이 잘 드는 집이 되지 않을까요? 채광이 좋지 않으면 단독주택의 이점 중 상당 부분이 사라진다고 생각해요.
박봉의 공무원인지라 자금계획을 더 챙겨서 가족들 불편한 일이 발생하지 않도록 하는 것이 많이 중요할 것 같네요.
날이 춥습니다. 건강 조심하시고 오늘도 수고하십시오! · ·
2011. 12. 17

임 소장님께

설계 시 반영해주셨으면 하는 추가사항을 보내드립니다.

무엇보다 햇볕과 바람이 잘 드는 집, 밝고 따뜻한 집, 포근하고 편안한 집이 되었으면 합니다.

참, 처음 계획과 달리 증축은 생각하지 않고 면적은 24~25평 정도로 가야 할 것 같네요.

먼저, 실별 구성은 현관, 거실 및 주방(LDK), 안방, 아이방, 욕실2, 다용도실(창고)로 채광과 환기가 좋도록 남북으로 창을 내어주셨으면 합니다.

현관은 단순한 신발장 기능 외에도 청소용품 등을 많이 수납할 수 있었으면 좋겠습니다. 또, 높이 25㎝, 깊이 30㎝ 정도의 툇마루를 두어 아이들이 신발 신기도 편하고 툇마루 밑에 신발을 보관할 수 있도록 하면 좋을 것 같아요.

거실과 주방은 하나로 통합하여, 실제 면적이 크지 않아도 넓어 보이고 탁 트인 느낌을 줄 수 있도록 높고 밝게 구성하고 싶습니다. 주방은 스킵 플로어로 단차를 두거나, 복층으로 하여 책장이나 수납공간으로 활용하는 방안도 생각해보았습니다. 이곳의 비내력벽은 선반 등으로 활용할 수 있게 하고, 노트북을 놓을 정도의 책상을 하나 두었으면 해요.

안방은 전자제품을 일절 놓지 않고 잠자는 공간으로만 사용할 계획입니다.

따라서 크기는 작아도 되고, 앞면만 있는 형식의 간이 붙박이장을 설치하면 어떨까 합니다.

안방 옆 욕실은 양변기, 코너형 세면대, 샤워기만 설치하여 작은 크기로 하고, 바닥 난방을 시공하려고 합니다.

파우더룸은 현재 가지고 있는 화장대를 놓을 크기(가로 1x 세로 1.5m)로 설계하고 벽면에 선반을 설치하고 싶습니다.

또 이곳은 안사람이 뜨개질, 일기 쓰기 등 자기 시간을 가질 수 있도록 만들었으면 해요. 싸웠을 때에는 대피할 수도 있을 테고요.ㅎㅎ

아이방은 한쪽 벽면을 복층으로 설계하고, 긴 형태의 방으로 아이가 크면 공간을 분리할 수 있도록 해주세요.

가족 욕실에는 세면기, 샤워기, 욕조 정도만 두고, 아이를 씻기기에 너무 좁지 않았으면 좋겠습니다. 아이들이 씻을 때 춥지 않도록 바닥 난방에도 신경 써주셨으면 합니다.

다용도실(창고)은 세탁기 두 대와 세탁 싱크대, 보일러, 김치냉장고 등을 모두 놓고 창고 용도로 사용할 생각이니 조금 크게 만들어주세요.

주택 대지는 전체적으로 1m 정도 돋우고, 우측에 주차장을 설치하면 어떨까요? 건물은 우측 뒷면으로 최대한 붙여 마당 면적을 충분히 확보했으면 합니다. 좌 · 후면으로 울타리를 설치하고, 전면에는 잔디를 깔고 나무를 몇 그루 심을까 싶습니다. 데크는 설치하지 않을 예정이며, 앞서 말씀드렸던 것처럼 현관부에 난간 없는 툇마루를 설치하여 쉴 수 있는 공간을 조성하면 좋을 것 같습니다.

하다 보니 얘기가 길어졌네요. 또 메일 드리겠습니다.··

2011. 12. 17

곽 선생님께

메일 잘 읽었습니다.

늘 강조해 드리지만, 건축주분들이 가장 신경 쓰셔야 할 일 중 하나가 자금 문제입니다.

집이 작아서 공기가 짧으면 공사자금 결제가 빠르게 이루어지기 때문입니다.

그리고 집짓기 진행과정에서 많은 건축주분이 집의 크기를 계속 키운다는 말씀을 드렸었는데요. 다시 말씀드리지만, 저희는 절대 집의 면적을 늘리지 않습니다.

면적은 처음에 말씀하셨던 20평에서 벌써 25평으로 25% 늘었으니, 이것 또한 자금 증가요소입니다. 예산으로 1억원을 생각했다면 단순 계산으로 벌써 1억2천만원이 훌쩍 넘어가게 된 셈입니다.

지금까지 말씀하셨던 사항 중에서 자금 증가의 요인으로는 기초를 1m 이상 돋우는 비용과 면적 증가 부분이 가장 크다 하겠습니다.

빗물 저장고도 땅에 묻어야 하는데, 이 또한 보통은 설치하지 않는 시설이니 증가요소가 되고요. 조경은 건축 견적에 포함되지 않는 별도 사항입니다.

그리고 스킵 플로어 구조를 생각하신다면, 결국 전체 구성을 1m 이상 단을 높인 부분복층구조로 가게 된다고 보시면 될 것 같습니다. 사실 채광을 위해서도 부분 복층으로 구성하는 것이 바람직하다고 언급해 드린 적이 있는 것 같네요.

말씀하신 디자인 요구조건은 아무 문제 없이 진행 가능합니다.

다만 공사 자금이 문제가 될 수 있으니, 자금 계획을 여유 있게 하십시오.

처음 말씀하신 범위는 넘어선 셈이니 주의를.........・・;;;

남은 주말 잘 보내세요. 또 뵙겠습니다.

2011. 12. 17

시공과정

1. 기존 주택 철거 후 기초 작업 착수

2. D13@300 복배근 줄기초 : 예산 문제로 매트기초로 변경될 뻔했으나, 현장에서 물이 스미는 것을 발견해 줄기초로 다시 전환하였다.

3. 레벨다운 부분과 배관 위치 확인 : 평탄한 기초슬라브 확보를 위해 토대 시공 전에 경량기포콘크리트를 타설하였다.

4. 기초벽 단열을 위한 아스팔트 방수 + 압출법단열재 : 기초벽이 지면과 닿거나 묻히는 부위에 냉기가 침투하는 것을 방지하기 위해 시공했다.

5. 목골조 공사 : 스팬이 긴 곳은 구조목을 세 겹으로 겹쳐 장(長)스팬을 확보했다. 요즘은 장스팬 구간에 공학용 목재를 많이 사용하는 편이다.

6. 원형창 주변의 트리머 작업

7. 외부 투습방수지 시공:투습방수지 위에 레인스크린을 시공하거나 레인스크린을 겸한 투습방수지를 사용했다.

8. 50㎜ 비드법1종 단열재 위 스터코 마감:강판과 적삼목, 스터코의 단차를 적절히 확보했다.

9. 스터코 마감 완료와 동시에 선홈통 공사

10. 조명 설치, 바닥재 시공, 가구 제작 등 실내 마감 공사

딸아이와 함께 직접 페인트를 칠하는 건축주

건축주는 아이들을 위한 모래 놀이터를 직접 만들었다.
2x2 방부목으로 5단을 쌓아 틀을 짠 다음, 부직포를 깔고
고압세척모래를 넣어 완성했다.

EXTERIOR DESIGN

메인 전경
2층의 독립된 부부침실은 이 동네에서는 제법 높은 곳에 위치한 방이 되었고, 채광조절을 위해 블라인드를 4등분하여 채광을 부분적으로 조절할 수 있게 하였다.
방범서비스 업체 선정 문제는 건축주가 마지막까지 고민하던 부분이었지만, 결국 가장 가까운 곳에서 출동하는 업체로 선정하였다.

좌측면

원래 최종 디자인에는 둥근 창이 세 군데 있었다.
그러나 창호 업체에서 제작상의 문제로 지름이 600㎜ 이하인 창은 만들 수 없다 하여 고민 끝에 거실 쪽의 작은 창들은 그 흔적만 남기고 주방 쪽에만 둥근 창을 두었다.

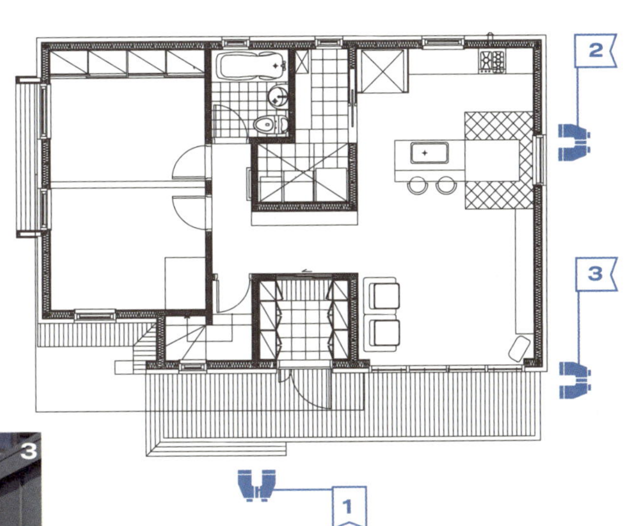

처마가 있는 현관

2층 부부침실의 바닥이 현관의 처마가 되어준다.
특히 현관 부분은 레벨을 올렸다가 내리고,
진입방향도 우측에서 정면으로 바꾸는 등 여러 차례 변경이 있었다.
공간이 좁다 보니 효율적인 쓰임새를 찾고자 노력했다.
그 결과, 마당을 가장 넓게 쓸 수 있도록 단차를 최대한 줄인 진입부가 되었다.

1

거실

거실 천장을 지붕 모양대로 오픈하고, 주방과 거실을 하나로 통합하여 설계했다.
덕분에 채광에도 유리하고, 좁은 평수임에도 광대해 보이는 공간감을 갖게 되었다.
또한, 블라인드를 유리면마다 나누어 설치하여 능동적으로 채광량을 조절할 수 있게 했다.

주방

주방의 좌식 평상은 이 집의 중심 공간이다. 식사를 하거나 아이들과 함께 책도 읽을 수 있고, 홀로 취미생활을 하거나 차를 마실 수도 있다. 주방이 여러 공간의 기능을 겸할 수 있도록 한 것은 작은 집의 단점을 극복하는 데 적절한 대안이 되어 주었다.
둥근 측창은 바깥풍경을 향한 망원경 같은 형태로, 평상에 앉아 밖을 내다보면 잠수함 혹은 우주선을 탄 듯한 기분을 느낄 수 있다. 작은 창문 하나로 주방 공간에 재미를 더한 사례다.

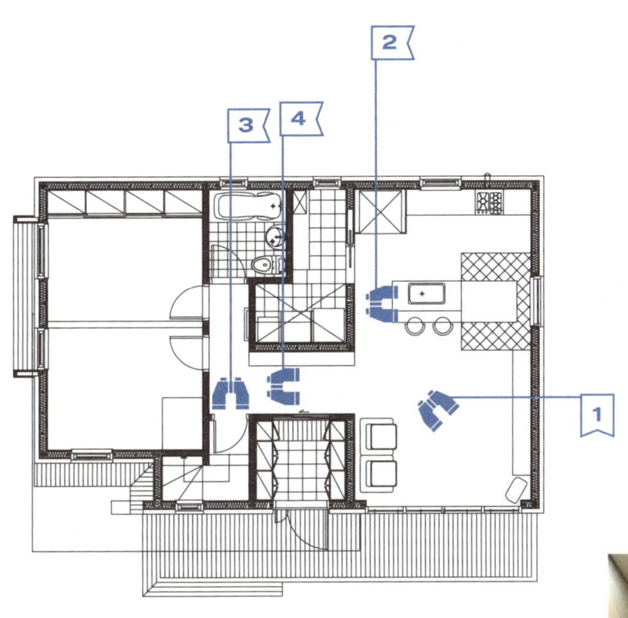

계단실

남향에 위치한 계단은 오르내리는 동안 밝은 빛을 느낄 수 있다. 벽에는 선반장을 만들어 소품을 둠으로써 따뜻한 감성을 연출했다.

현관부

복도 벽에는 다락과 수납공간 등이 계획될 예정이었으나 시공과정에서 아트월로 변경되었다.

아이와 함께하는
가족 공간
1F

아이방
계단 밑의 아이방은 산뜻한 색상의 마감재로 아이들 공간 특유의 분위기를 살렸다.

아이방

친환경을 생각해 원목으로 마감한 아이방.
아직 어린 두 자녀가 자유로이 서로의 공간을 드나들 수 있게
문을 달지 않고 아치형 게이트만 두었다.

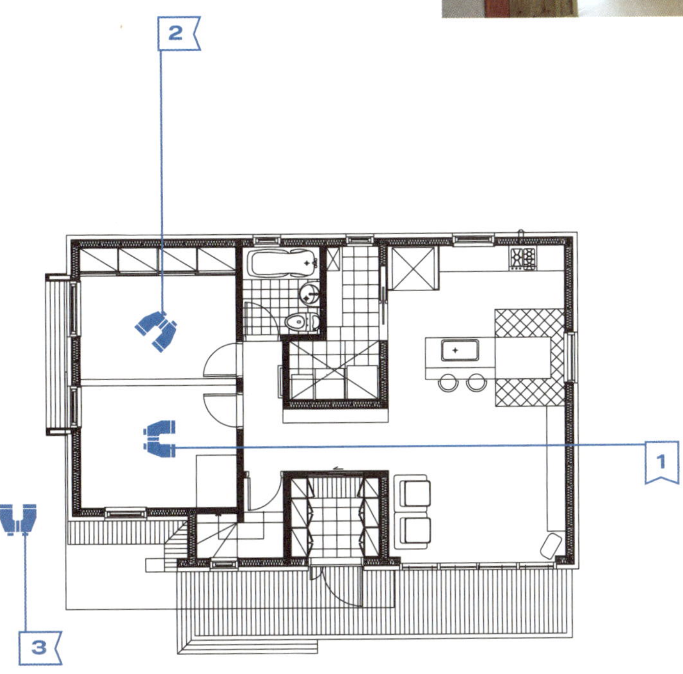

마당

마당은 아이들이 모래 장난도 하고 하늘도 보며 마음껏 뛰어놀 수 있는
'안전한 바깥 공간' 이 되어준다.
주방에 좌식 평상이 있다면, 마당에는 외벽에 툇마루가 있어서 마당에서 거닐다
언제든 기대앉아 쉴 수 있다. 이는 집 내 · 외부를 연결하는 중간 장치로 안과 밖이
상호작용할 수 있도록 하는 역할을 한다.

부부만을 위한
독립 공간
2F

서재
침실 반대편의 서재는 부부의 조용하고 독립적인 취미 공간이 된다.

공간 구분
창문사이즈를 줄여야 했을 정도로 채광량이 좋은 2층. 이곳의 부부침실은 난간을 이용한 책장으로 침실과 서재를 구분하였다.

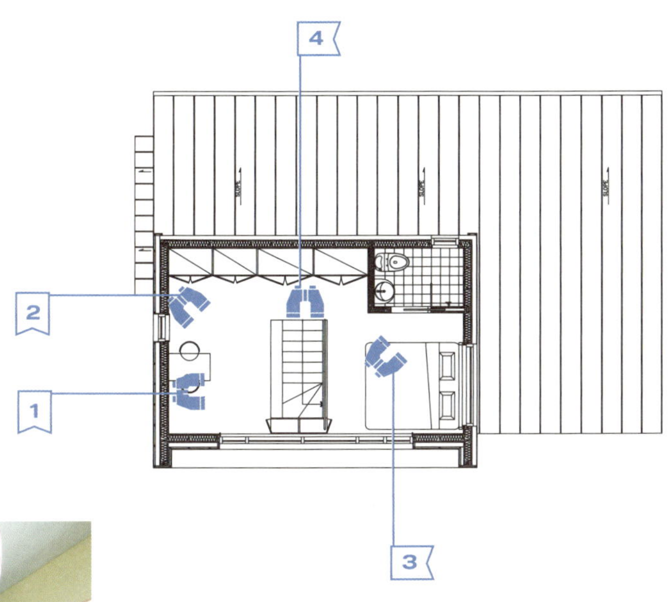

침실 공간
지붕 속 공간을 활용한 수납 다락과 욕실이 있는 침실 공간

계단실
언제든 1층 자녀 공간과 연결된 계단실. 침실과 서재를 적절히 나누는 역할도 한다.

건축주 입주 후기

입주한 지 일주일도 채 안 되었지만, 우리 가족만의 집이 생겼다는 것이 가장 행복합니다. 아파트 살 때처럼 옆집, 아래층, 위층 눈치 보느라 스트레스받지 않고 자유롭게 생활할 수 있다는 것도 좋아요. 아이들도 더 넓은 집으로 와서 좋아하는 느낌이고요. 특히 첫째 아이는 계단 오르내리는 재미에 아주 신났습니다. 낮에는 마당에서 모래를 가지고 한참 놀기도 하네요.
물론 불편한 점도 있습니다. 에어컨을 틀면 해결되긴 합니다만, 오픈 천장에 채광이 좋아 그런 것인지 여름에는 예상보다 좀 덥다는 느낌입니다. 그 외엔 욕실 액세서리를 제 기준으로 설치하는 바람에 안사람이 조금 불편한 것 정도예요.
아, 수납이 부족한 건 외부창고를 하나 더 만들 생각입니다.
아파트에서만 살다가 단독주택에 살면 불편한 점이 많을 거라고들 하는 데요. 걱정했던 쓰레기처리 문제는 생각보다 크게 불편하지 않습니다. 음식물쓰레기는 싱크대에 처리기를 설치해서 사용하고 있고, 분리수거는 집 옆 골목길에 바로 내놓으면 되더라고요.
근처에 산책로, 체육공원, 연꽃공원 등도 잘 조성되어 있고, 마당에 튜브로 된 풀장을 놓으면 수영장도 만들 수 있답니다. 또 아파트 살 땐 이중주차는 기본이고 조금만 늦게 가면 차 댈 곳도 없었는데, 지금은 전용 주차공간이 있으니 걱정 없어요. 차에서 집으로 물건 나를 때도 편하고요.
집 짓는데 든 비용은 대지 구입비용까지 포함해서 2억원 중반대입니다. 철거, 건축, 가구, 기타 부지정리 및 약간의 조경이 포함된 금액이죠. 이 돈이면 충주에서 35평 정도의 가장 좋은 아파트에 들어갈 수도 있겠지만, 나에게 꼭 맞는 집을 지어서 남 의식하지 않고 자유롭게 살 수 있다는 것이 더 좋았습니다.
방범서비스 비용이 있기는 하지만 아파트 관리비와 큰 차이는 나지 않아요. 내년부터는 도시가스가 들어온다니 난방비 부담도 어느 정도 해결될 듯합니다. 물론 겨울에도 반소매 입고 생활하는 아파트보다야 서늘하겠지만, 오히려 아파트 같은 환경이 비정상적인 것 아닌가 싶기도 해요. 실내가 살짝 썰렁하면 옷 하나 더 걸치고 사는 자연스러운 생활이 건강에는 더 좋지 않을까요?
주택 관리는 아무래도 손이 좀 갈 것 같습니다. 비가 오면 물 고이는 곳은 없는지 일단 살펴봐야 할 테고요. 우리 집은 배수공사하고 구배 잡아 모래를 좀 부어 놨더니 아직까지 그런 곳은 없네요. 잔디밭에 잡초도 뽑고 텃밭도 가꿔야 하고, 건물도 살면서 보수해 나가야겠죠. 조금 부지런해지긴 해야겠지만, 삶이 훨씬 풍성해진 느낌입니다.

표정 하나,
쌍무지개가 떠서 가족들과 마당에 나가 구경했지요.
표정 둘,
집 짓고 처음 맞이한 함박눈이에요!
표정 셋,
담벼락에도 예쁜
꽃이 피었습니다.
우리 집에
다양한 표정이
생겼어요
표정 여섯,
정원이 제법 빽빽해져 간이
스프링클러를 설치해보았어요.
표정 넷,
집 앞에 아이들과 함께
크리스마스트리를 장식했답니다.
표정 다섯,
장난감보다 꽃과 벌레를 더 좋아하는 아들.
마당에 만든 화단에 보랏빛 무스카리가 피어나
아이가 신기해하네요.
표정 일곱,
정성껏 길러 맛있게 먹는 쌈 채소들
표정 여덟,
너무 더운 여름에는 그늘을 만들어줄
천막도 만들어보고...
표정 아홉,
직접 화분에 물을 주는 딸아이의 모습

성원
푸른솔
숯불갈비냉면

대지위치	충북 충주시 교현동
대지면적	183.70㎡(55.57평)
건축면적	75.45㎡(22.82평)
연면적	95.17㎡(28.79평)
건폐율	39.1%(법정: 60%)
용적률	51.81%(법정: 250%)

공법	기초 - 줄기초, 지상 - 경량목구조
최고높이	7.65M
주차대수	자주식 1대
외부마감재	아연도컬러강판, 스터코 도장, 적삼목 루버
내부마감재	석고보드 + 합지벽지
단열재	벽 - R19 그라스울 + 50㎜ 비드법1종 단열재
	지붕 - R30 그라스울
창호재	융기드리움 독일식 시스템창호
디자인	홈스타일토토
시공	건축주 직영
시공기간	2012. 4 ~ 2012. 8

내벽마감	에덴바이오벽지
바닥재	이건 강마루(세라오크), 한화 PVC장판
수전 / 욕실기기	새턴바스, 아메리칸스탠다드, 대림
주방가구	제작
조명	필립스 외 기타
계단재	스프러스
현관도어	신진도어
방문	영림도어
붙박이장	사제제작
데크재	ACQ방부목

"평당 건축비에 목매지 마세요!"

건축주들이 풍문으로 듣는 평당 건축비의 실체

주식이든 로또든 아무래도 귀에 담게 되는 소식은 누가 돈을 수억 벌었다더라, 우연히 산 복권이 1등에 당첨되었다더라 하는 이야기들이다. 사람들은 그 이면에 가려진 수많은 실패에 관해선 관심이 없다. 평당 건축비도 마찬가지다. 단순히 '저렴한 가격' 에만 관심의 초점이 맞추어져 있고, 그 비용의 범위와 기준이 어디까지인지는 관심이 없다. 주방가구는 포함된 가격인지, 마당 데크는 포함된 가격인지, 에어컨이나 벽난로는 포함된 가격인지에 따라 평당 건축비는 얼마든지 달라질 수 있는데 말이다.

시공자들이 말하는 평당 건축비

건축 시공자들은 공사견적을 낼 때 2차원적으로는 면적을 살피고, 3차원적으로는 벽체량 등의 물량을 따진다. 따라서 테라스든, 데크든, 다락이든 '공사가 행해지는 모든 공간'은 공사비가 책정되며, 건축비에 산정된다. 그러다 보니 시공자는 건축주가 '수치상 면적' 에서 배제한 모든 공간을 면적에 넣어 계산을 하고, 이렇게 했을 때 계산되는 평당 건축비는 낮아질 수밖에 없다. 또, 시공자가 견적을 낼 당시에 보일러나 에어컨 등의 설비, 데크 등의 외부 공간 등 변수가 생길 수 있는 부분들을 제외하고 계산하여 공사금액 자체를 낮게 산정하여 제시하는 경우가 있어 표면적으로는 평당 건축비가 더욱 낮아 보이게 된다.

결국 건축주는 건축면적에 포함되지 않는 면적을 제외하고 따지다 보니 평당 건축비가 높게 계산되는 것이다. 반면, 시공자는 실제 공사가 진행된 모든 면적과 비용으로 건축비를 계산하거나 견적 시에는 불분명한 내역들은 제외하기 때문에 제시되는 평당 건축비가 낮게 책정된다. 그래서 같은 집을 두고도 건축주는 "아휴~ 우리 집은 평당 600만원 들었어요" 하고, 시공자는 "어휴~ 평당 400만원으로 저 집 짓느라 힘들었어요" 하게 된다. 그리고 언론에서 취재할 때에는 설계자나 시공자로부터 공사비 내역을 받게 되므로 실제보다 적은 금액이 투입된 것처럼 보도되는 경우가 많다.

따라서 잡지, TV 등으로 간접 정보를 접하게 되는 일반 예비건축주들은 시공자의 언어를 알아둘 필요가 있다.

평당 건축비 상승요인 1

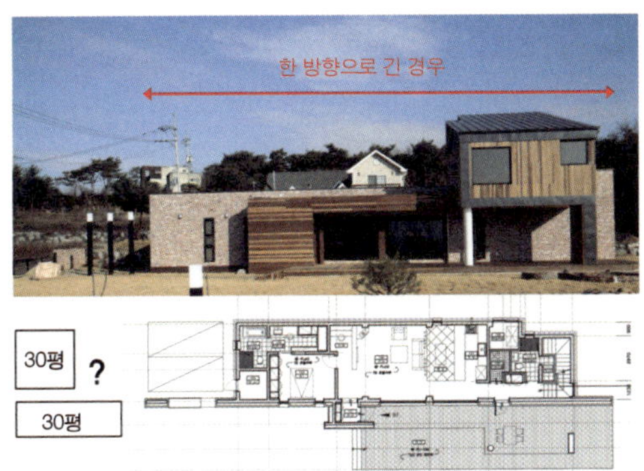

사진은 홈스타일토토가 디자인한 양평 회현리 주택이다. 정사각형이 아닌 요철이 많거나 가느다란 형태는 건축비가 상승할 수 있다는 것을 적절하게 보여주는 예다. 같은 면적인데도 가로세로 변의 길이 차이가 클 경우 벽체량이 꽤 늘어나게 된다.

평당 건축비 상승요인 2

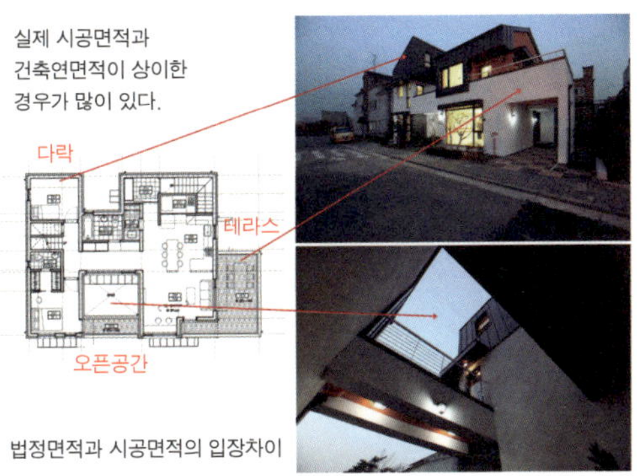

법정면적과 시공면적의 입장차이

시공자는 바닥이 없이 뚫린 공간, 또는 벽이 없이 바닥만 있는 공간, 다락이나 테라스 등의 공간도 공사면적에 포함한다. 이 역시 건축자재 물량이 투입되는 부분이기 때문이다. 다락, 테라스 등은 덤으로 얻는 서비스 공간이라고 오해하기 쉬운데, 이곳 또한 공사가 진행되는 공간이므로 당연히 비용이 따로 책정된다.

CASE 02
중정형 단독주택

중정(中庭)이 있는 집짓기

전남 광양 주택

경기 용인 주택

전남 광양 주택

좁은 시골 땅에서 프라이버시를 확보하려면 어찌해야 할까?

좁은 시골 땅에 단독주택을 지을 때는 프라이버시를 보호받는 것이 중요

1. 밖에서 안마당이 쉽게 들여다보이지 않게 둘러싸는 형태로 한다.

2. 마당은 폐쇄적으로, 조망 및 채광은 충분히 확보하게끔 한다.

마을이 내려다보이는 호젓한 분위기의 광양 어느 산자락, 도심에서 살던 건축주는 편리함을 포기하지 않으면서도 쾌적한 시골생활도 함께 할 수 있는 라이프스타일 변신을 시도했다. 지중해풍 디자인, 모던한 디자인 사이에서 집의 분위기를 가늠하고 있던 건축주는 홈스타일토토를 만나게 되면서 그동안 꿈꿔왔던 주택에 대한 생각과 자료를 한 보따리씩 펼쳐 보이기 시작했다.

디자인
접근법

전원 속에 위치한 땅치고는 넓지 않은 대지

시골 땅은 도시의 필지에 비해 이상하게 작아 보이는 경향이 있다. 깔끔하게 닦여 있지 않은 데다 어떤 곳은 초목이 우거져 더 그렇게 보이기도 한다. 네모반듯하지 않고 여기저기 모난 부정형의 토지가 대부분이다 보니 실제로 활용할 수 있는 공간은 많지 않은 것이 사실이다.
도시에 살 때는 남의 프라이버시를 지켜주느라 정작 나의 프라이버시를 보호받기 힘든 면이 있지만, 시골 땅에서는 이웃에 해가 가지 않게끔만 디자인하면 독립성을 충분히 보장받을 수 있다.

규모 설정과 집의 배치

집의 규모를 결정하기 위해 건축주의 가족 구성과 현재 살고 있는 집의 면적을 살핀다. 대지 조건을 감안해 약 40평 가량의 크기에 약간의 복층 공간을 주는 것으로 가닥을 잡았다.
집을 앉히는 데는 3가지 방법이 있었다.
첫째는 집을 이웃 땅 석축 쪽에 붙여서 원경을 조망하는 방법이고, 다음은 서측 언덕에 붙여서 진입하는 입구와 원경을 바라보는 방법, 마지막으로 진입부 방향을 등진 채 중정식으로 마당을 감싸서 앉히는 방법이었다.

디자인 프로세스

일반적인 주변의 조언은 언덕이나 석축 쪽으로 붙여서 남들이 보았을 때 집의 정면과 마당이 보이도록 하라는 것이었다. 그러나 건축주는 남의 시선에 구애받지 않고 자신의 마당 공간을 편안하게 누리길 원했다. 마당을 실내처럼 사용하면서도 조망을 누릴 수 있는 배치를 위해 진입부와 등지는 중정형으로 디자인을 잡았다. 설계 도중에는 필지 분할과 관련된 토목공사 범위가 바뀌어서 거실을 중심으로 자녀방과 안방의 위치가 서로 바뀌는 우여곡절도 겪었다.

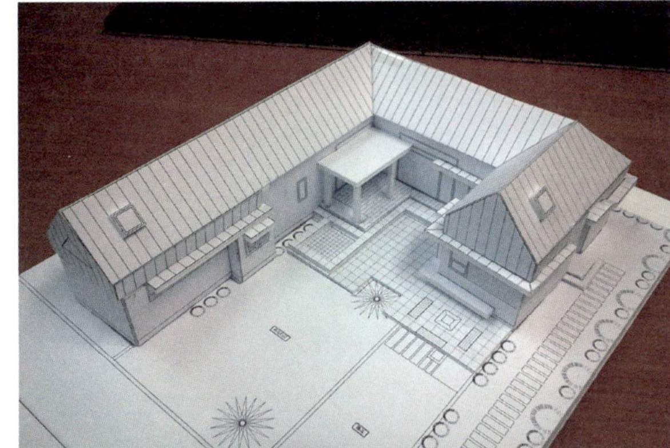

건축주 고 선생님께

집 짓는 과정이라는 것이 서로 인연을 맺고, 건축주 의견을 충분히 반영해서 디자인을 완성하고, 그것을 잘 실현해 줄 시공자를 찾아 또 인연을 맺고, 디자인대로 잘 지을 수 있도록 서로 마음을 합치는 과정입니다.
너무 서두르지 않고, 생략하지 않고, 차근차근 진행하는 것이 무리 없는 길입니다.
집 짓는 과정이 십년감수하는 과정이 아닌, 하나의 재미난 추억으로 남으면 하는 바람입니다. 아래 몇 가지 요청 사항에 대해 답신을 기다리고 있겠습니다.

1. 현재 신축하고자 하는 부지의 주소와 대지와 그 주변 사진
2. 예정하고 계신 대략적인 스케줄(공사 시작과 완료 시점 등)
3. 원하시는 라이프스타일
4. 디자인 요구조건(다락방이 있으면 좋겠다, 집의 형태는 모던했으면 좋겠다 등등)
5. 대략의 계획 평수
6. 계획자금(무조건 적다고 하시는 분들이 있는데, 최대한 정확하게 적어 주시는 것이 좋습니다)

아까 공사비를 물어보셔서 제가 이런저런 말씀을 드렸는데요, 디자인 확정이 되지 않은 상황에서 공사비에 대해서는 적절한 대화를 나누기 어렵습니다. 계획자금은 건축 면적과 디자인 요구 조건과 서로 관계가 있습니다. 예를 들어 원하시는 디자인이 있는데 자금이 부족할 경우라면 면적을 줄여서 맞춰나가는 등의 방법이 있습니다.
그럼, 다음 주 뵙겠습니다.
2012.11.08

임소장님께

지난번 연락드린 광양입니다.
주변 사람들 말만 듣고 무작정 집을 지으려 했다면 아마 전화도 드리지 않았을 겁니다.
저는 여러 책을 통해 집짓기에 설계와 감리가 매우 중요하다고 인식하고 있습니다.
물론 한편으로 내가 집에 대해 너무 별스럽나 하는 생각이 들기도 하지만, 누구나 짓는 집을 똑같이 짓기는 싫습니다. 비록 빠듯한 예산이지만, 집 짓는 과정에서 큰 행복을 느끼고 싶은 것이 저의 소망입니다.
예산을 최대한 설계비를 포함해 예상하고 있는 금액에 맞추려고 생각하고 있습니다. 현재 살고 있는 집이 매매가 잘 안 되어서 더 이상 여유를 갖기에는 무리가 있습니다.
일단 또 허가나 세금 등 부가적으로 들어갈 비용이 있다니 건축을 무리해서 하면 결국에 집이 짐이 되버릴 수 있겠다 생각하고 있습니다.
현장은 내일 직접 핸드폰으로 사진 몇 장 찍어 보내도록 할께요.
저는 오렌지색이 마음에 듭니다. 모던한 집보다는 하얀 색의 지중해 스타일을 마음에 두고 있는데, 집 짓는 데 난해할지 걱정입니다. 아무튼 다음 미팅이 너무 기다려지네요. 광양에서 제일 이쁜 집으로 만들어주세요.··

3월 시공을 시작해 6월 장마 전까지 마무리하고 싶습니다. 설계는 지금부터 시작하면 충분하겠죠? 시공사 선정과 감리가 가장 걱정되는 부분입니다. 이곳이 지방이다 보니, 오시는 것이 힘드실 텐데, 심도 있는 상담 부탁드립니다.

좋은 밤 되세요.

2012.11.08

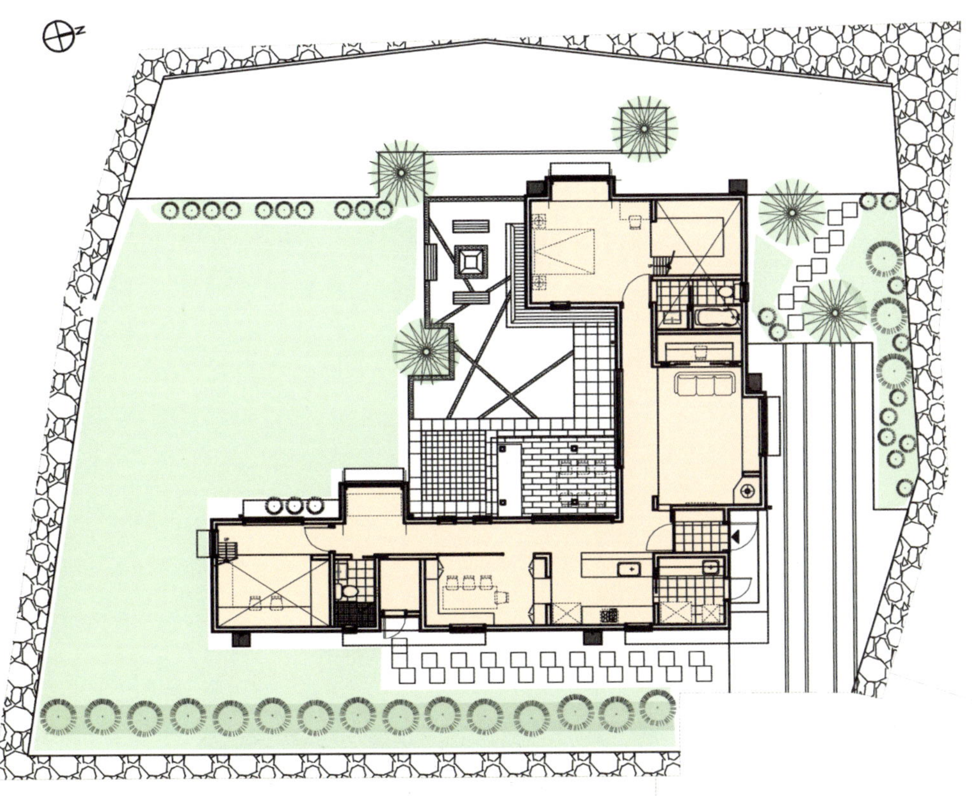

전남 광양 주택의 / 메인 디자인 콘셉트

1 수평 동선으로 풀어낸 배치

시골에서 200평은 큰 땅이 아니다. 정형화된 박스형태가 아니라서 이리저리 사라지는 면적이 많기도 하다. 이 집은 처음부터 끝까지 수평 동선으로 풀었다. 땅이 좁을수록 최대한 그 땅을 거닐게 하는 게 집을 넓게 쓰고, 넓게 느끼게 할 수 있는 방법이다.

중정주택 평면의 핵심은 외부로부터 프라이버시를 확보하면서도 내부에서의 채광이나 조망은 지장이 없게끔 하는 것이다. 광양주택 역시 어디를 닫고 어디를 열어둘지 신중히 결정해야 했고, 건축주와 함께 여러 차례 배치를 변화시키면서 최적의 안을 찾으려 노력했다.

그 결과, 산 방향으로 집의 정면을 열어두고 마을이 내려다보이는 원경 쪽은 조망을 수월하게 하여, 형태는 폐쇄적이지만 내부에서 밖을 내다보면 그 시선이 원경까지 확장되게 하였다. 따라서 밖에서는 닫힌 집이지만 집 안에 거주하는 사람들은 시선이나 움직임이 자유로울 수 있도록 구성하였다.

2 누구의 방해도 받지 않는 프라이빗한 마당

거실과 주방을 중심에 두고 양 날개 부분에 안방과 자녀방을 대칭적으로 배치하였고, 각각의 방에 다락방을 두어 아지트 공간을 선사했다. 건축주는 마당을 실내처럼 적극적으로 이용하고자 했기 때문에 야외 주방 데크나 야트막한 풀장, 야외 화로 등을 디자인했다. 실제 거주 후에도 이 공간은 건축주의 만족도가 무척이나 높았다. 많은 손님이 와서 마당에서 바비큐 파티를 열어도 외부에서는 집 안에서 무슨 일이 벌어지고 있는지 모른다. 남의 시선을 신경쓰지 않고 이웃의 눈치도 보지 않는 프라이빗한 공간이 완성된 것이다.

집을 땅 한 켠에 최대한 붙여 짓고, 마당을 가능한 많이 확보하려 했다면 그 마당은 운동장처럼 덩그러니 집 앞에 놓여 있는, 그야말로 빈 터가 되었을지 모른다.

그러나 광양집은 중정형의 배치를 선택해 200평 대지 전체를 활용하는 효과를 거둠으로써 공간 활용을 극대화한 모습을 보여준다.

시공과정

1. 철거 전 대지 안에 있던 비닐하우스

2. 대지의 반은 깎아낸 절토지, 반은 성토하여 석축쌓기한 땅이었지만 집이 앉혀지는 지반은 절토지였기 때문에 지내력* 이 나쁘지 않았다. 매트기초를 하기로 하고, 기초 테두리 부분만 줄기초식으로 더 파내려 간 식으로 기초공사를 진행하였다.

*지내력 : 하중을 받치는 지반의 능력.

3. 집의 형태가 'ㄷ' 자 모양으로, 슬라브 수평면을 잡는 데 주의를 요했다.

4. 토대 위 스터드 공사, 단열재가 들어가지 않는 부분을 없애기 위해 벽체끼리 만나는 부분을 스터드가 서로 교차되게 시공하였다.

5. 외벽체에 레인스크린 대신 투습방수지 드레인랩을 시공했다.

6. 지붕 강판은 코르텐 컬러로 선택하여 장중한 느낌을 주기로 했다.

7. 단열재는 연질수성폼을 적용하여 지붕과 외벽체 모두 기밀하게 하였다. 이런 경우 실내가 너무 기밀해지는 관계로 환기를 수시로 해 주는 것이 좋다.

8. 실내 도장공사 및 포인트 컬러 도장. 화이트 베이스에 각 실마다 개성 있는 컬러를 적용하여 생동감이 들게 하였다. 천장고도 높고 낮음이 반복되게 하여 입체감을 더했다.

9. 외부 주방 앞쪽으로 두 자녀와 친구들을 위한 간이 풀장 공사 중. 건축주의 지인은 이 공간을 보고 김장하기 딱 좋은 곳이라고 거들었다.

10. 중정 마당에 잔디 깔기 공사

외부 캠핑 화로를 제작 중이다.
안쪽은 내화 벽돌로 둘렀다.

중정
'마당 때문에 집을 지었다' 고 할 정도로 건축주는 마당에 이런저런 재미난 요소들을 주문했다.

파고라와 미니풀장

이 집은 바깥에서 보는 집의 풍경보다는 마당에서 집을 바라볼 때 더욱 다채로운 풍경을 선사하고자 했다.

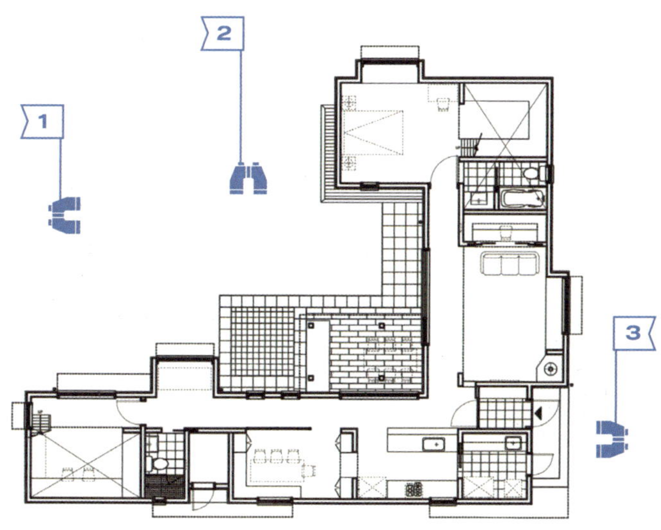

현관

집의 현관과 뒷문이 대비된 모습으로 함께 보인다. 이 집은 정면이 곧 뒷면이자 대문이다.

1

마당에서 본 풍경

'ㄷ' 자형 평면 구조 때문인지 이 집을 보고 한옥 느낌이 난다고 말하는 이들도 간혹 있다.

<u>자갈 산책길</u>
보일러실로 가는 대지 경계의 사이길은 자갈을 깔아 산책로를 걷는 느낌을 준다.

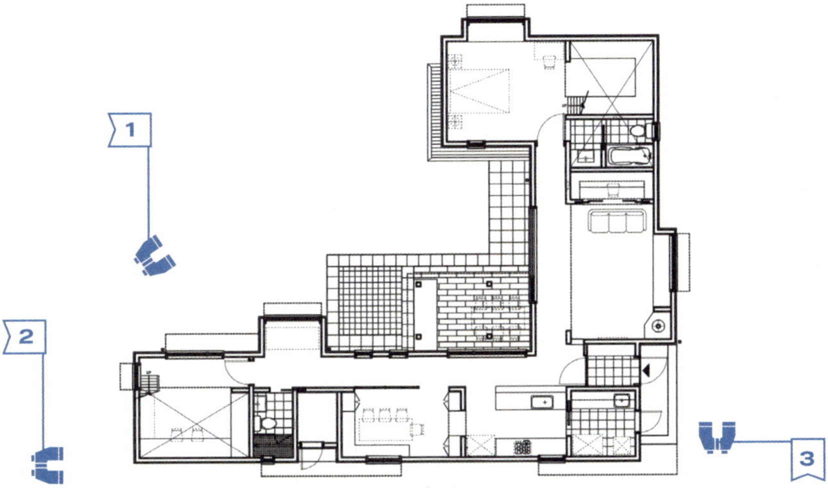

<u>집의 입구</u>
주차장과 현관이 있는 앞쪽에서는 원경은 바라다보이지만, 집의 안마당을 볼 수 없게 되어 있다.

거실과 프라이빗한
침실 동선
1F

거실
소파 뒤로는 반투명 미닫이 도어를 설치해 간이 서재를 만들었다.

<u>안방 화장실</u>

욕조와 좌식 샤워부스가 설치된 안방 화장실. 옛날 동네 목욕탕처럼 앉아서 목욕할 수 있도록 했다.

<u>포켓 스페이스</u>

폭이 좁은 거실이라 큰 소파 대신 분위기에 맞는 1인용 체어를 2개 배치했다. 창가를 포켓 벤치로 만들어 햇살을 받으며 독서 할 수 있는 보너스 공간으로 연출했다.

<u>침실</u>

침실 곁에도 포켓 벤치를 두어 멋진 조망을 감상하도록 했다.

<u>다락</u>

침실 맞은편에는 욕실과 드레스룸, 화장실과 같은 유틸리티룸이 모여 있다. 또, 서재로 활용하는 사적인 개인 다락이 존재한다.

복도로 이어지는 주방과 응접실, 자녀방
1F

1

<u>주방</u>

주방 배치를 11자 형으로 하여 횡으로는 응접실에서 보조주방까지 트인 동선으로 개방감을 줬다. 종으로는 뒷산과 마당 안쪽으로 시야가 트여 있다.

응접실
안쪽에 숨겨져 있지만, 마당으로 시선이 개방되어 있는 응접실

다락 침실
자녀방의 다락 침실. 전등과 천창이 조화를 이루고 있다.

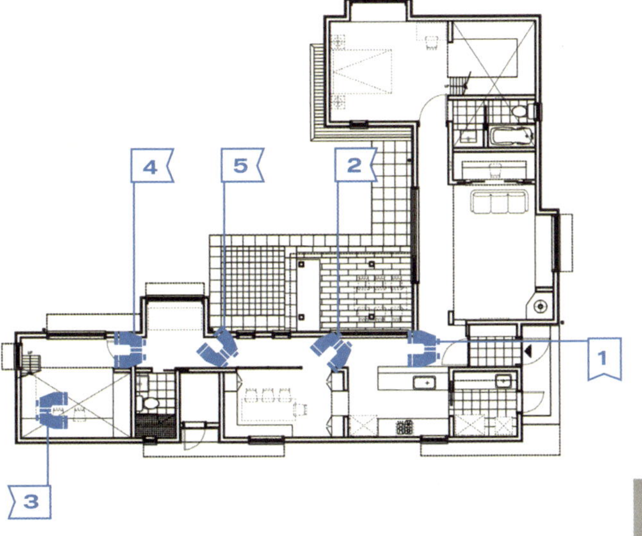

4

자녀방
자녀방은 천장고를 높게 해 층을 분리한 다음, 아이들이 좋아하는 다락에는 침실을, 집중이 잘 되는 아래에 책상을 배치했다.

운동실
복도 한 켠 코지 공간에는 러닝머신을 두어 운동실로 활용한다. 벽면에 TV를 설치해 운동 시간이 지루하지 않도록 했다.

주택으로 이사 온 후 처음 맞는 겨울이다. 사람들은 춥지 않냐고 물어본다. 물론 춥다. 산 속에 사니까. 문만 열면 찬바람이 씽씽 지나가고 비오면 그 소리가 얼마나 큰지 자다가 깜짝 놀라 일어날 때도 있다. 거기다가 빨래도 바람만 불면 날아다니고 한쪽에 놓아둔 쓰레기도 사방으로 널브러져 있다. 그 뿐만 아니다.
시골이라고 택배 받아보기도 어렵다. 기름값도 안 나온다고 얼마나 투덜거리는지 모른다. 가까운 중국 요리집, 치킨집도 우리 집까지는 못 온단다. 요리에다가 자장면 다섯 그릇을 시켜도 배달은 불가다.
제일 곤혹스러운 건 쓰레기 처리 문제다. 이틀에 한 번 차에 쓰레기를 싣고 나가서 버릴 때면 속으로 '이게 무슨 짓인가' 싶다. 급기야 마을에다가 이사 떡을 돌린다고 했더니 요즘은 시골 사람들도 먹는 거 귀찮아 한단다. 그래서 마을발전기금을 냈더니 돈은 돈이고, 인사는 인사란다.
도시에서는 상상도 못한 일들이 지금 나에게, 이 시골에서 일어나고 있다.

그럼에도 집을 지은 건 내 일생에서 제일 잘 한 일 같다. 아침에 공기가 다르다. 냄새도 다르다. 보름달이 그렇게 밝고 큰지 처음 알았다. 날씨 좋은 날에는 밤하늘 가득 쏟아질 것 같은 별도 볼 수 있다. 집으로 오는 저녁길이 마냥 즐거워졌다. 번화한 곳에서 살다가 조용한 나만의 집으로 들어올 때 그 설렘이 나를 행복하게 한다.
누구의 눈치도 안 보고 음악을 크게 틀어놓을 수 있고, 기분 내키면 스피커를 들고 마당에 나가 장작불을 핀다. 요즘 캠핑 바람이 불어 난리인데, 날씨 좋은 날, 우리집 마당은 캠핑장이 된다. 무거운 짐 챙겨서 돌아다니지 않아도 되고, 별 볼일 없는 요리도 마당에서 먹으면 별미다. 이럴 때면 '내가 왜 진작 마당 있는 집으로 이사 올 생각을 안 했을까' 한다.

내가 사는 곳은 춥지만, 목조로 지어진 우리 집은 따뜻하다.
산중이라 온도가 시내보다 2도 정도 낮지만, 아파트보다 더 춥거나 그렇지는 않다. 확실히 옛날에 짓던 주택들하고는 비교가 안 된다.
혹시 추워서 집 짓는 것을 망설이는 이라면 그런 걱정은 안 해도 될 것 같다.
아이들은 통학하는 데 조금 불편하긴 해도, 이 집을 나만큼이나 좋아한다. 맘껏 뛰어다니고, 마당에서 줄넘기를 하고 곤충도 관찰한다. 텃밭에서 상추도 뜯어보고 고추도 따 먹는다.
비록 옆집 밭이지만, 언젠가 나도 심어 보련다.
나머지는 더 살아봐야 알겠다.

우리 집은 마당이
캠핑장이에요

Q. 목구조 주택이 과연 튼튼할까?

1990년대부터 한국 주택시장에서는 목구조(Wood Frame Construction) 주택이 꾸준히 증가하고 있다. 목구조는 크게 기둥-보 구조(Post & Beam)와 경량 목구조(Light-weight Wood) 방식으로 나눌 수 있는데, 이중 좀 더 알려진 공법이 경량 목구조다.

하지만 아직까지 건축주들 사이에서는 이쑤시개 같은 나무로 집을 짓는데, 그 집이 견고할지 의문을 가진 이들이 많다. 경량 목구조는 각각의 하중들에 의해 크기가 결정된 구조재들을 일정한 간격(12″, 16″, 24″ 등)으로 배치한 후 그 위에 덮개를 씌워 구조체를 형성하는 방법이다. 일정한 간격의 구조재 덕분에 한 곳에서 하중 전달에 문제가 발생해도 다른 곳으로 하중을 전달하기 때문에 건물이 갑작스럽게 붕괴되거나 하지 않는다. 또한 건물의 하중이 상대적으로 가볍기 때문에 구조재 간의 접합부, 전단벽 등에 조금만 신경을 써서 시공한다면 지진 같은 수평 하중에도 상당히 유리하게 대응할 수 있다.

Q. 소위 '디자인 주택' 은 어떻게 시공되나?

많은 목조주택 빌더들이 공감하겠지만, 디자인 주택은 다소 까다로운 대상이다. 건축가가 디자인의 날개를 활짝 펼 수 있도록 시공자의 입장에서 현실적인 문제들을 풀어야 하는 일이 많아지기 때문이다. 아직까지 국내 단독주택들이 주먹구구식으로 지어져 왔다는 반증이기도 하다.

재미있는 디자인들로 구성된 집을 아무 문제없이 시공하기 위해서는 그만큼 많은 시간과 고민이 요구된다. 그 노력은 시공자 혼자만 해서는 안 되고 건물을 디자인한 건축가와 수많은 협의를 통해 해결점을 찾아야 한다. 그 과정에서 시공자 입장에서 끊임없는 연구를 통해 좀더 나은 디테일의 시공법을 제시해야 함은 물론이다.

Q. 건축물의 에너지 비용은 어떻게 줄이나?

최근 건축주들의 가장 큰 관심사는 '단열' 이다. 주택의 단열 성능을 높이기 위해서는 외기에 접하는 부분에 어떤 단열재를 설치하는가가 1차적으로 가장 중요한 문제다.

또한 창호 선택도 중요하다. 창호는 예산을 먼저 고려하고, 여러 창호들의 에너지 관련 시험성적서를 확인해 보는 것이 좋은 방법이다.

하지만 이렇게 건물의 단열성만 높인다고 사용되는 에너지가 줄어드는 것은 아니다. 아무리 두꺼운 외투를 입었어도 목도리를 두르는 이유가 있다. 목을 추위로부터 보호하기도 하지만, 그 틈으로 찬바람이 들어오는 것을 막으려는 의도다. 그것이 바로

'기밀성' 이다. 외부로부터 한기가 들어올 수 있는 부분에 기밀막이나 자동 댐퍼(주방후드나 환풍기를 사용하지 않을 때 자동으로 실외구를 닫아주는 장치)를 설치해 실내의

공기가 외부로 새어 나가지 않게 해야 한다.

다음으로 건물의 단열에 있어서 건축주들이 자주 간과하는 것이 '환기장치' 이다. 건물의기밀성이높아지면외부로부터 신선한 공기가 유입되지 못하고 실내의 습기, 오염된 공기가 외부로 배출될 수 없다. 그렇다고 추운 겨울에 수시로 창을 열어 환기를 할 수도 없는 노릇이다. 그래서 기밀성이 좋은 집은 강제 환기 장치를 설치해 외부의 신선한 공기를 내부로 유입하고, 실내의 오염된 공기를 외부로 배출해야 한다. 이는 고단열 건물의 선택이 아닌 필수 사항이라 할 수 있다.

Q. 추천하는 자재가 있다면?

나의경우, 단열재중 '수성연질폼' 을추천한다. 목조주택의 구조재들 사이를 유리섬유(그라스울)보다 더 빼곡하게 채워줄 수 있어 기밀성이 높아진다. 게다가 지붕 장선들 사이 공간에 별도의 수분 관리 계획 없이 석고보드 같은 마감재를 바로 설치할 수 있는 이점도 있다. 장기적으로 수분에 의해 구조재들이 썩어 건물의 수명이 줄어드는 확률을 크게 낮출 수 있을 것으로 보인다. 비용은 일반 그라스울에 비해 3~4배 정도, 고밀도 그라스울에 비해서는 1.5~2배 정도 가격대다.

다만 이렇게 기밀하게 시공할 경우 열회수 환기장치(강제환기장치)를 사용하거나 건축주가 직접 환기를 자주 해줘야 실내 공기질이 유지될 수 있다. 거주자의 생활 습관도 집의 내구성에 어느 정도 연관이 있다고 볼 수 있다.

Q. 끝으로 예비 건축주들에게 당부하고픈 말이 있다면?

예비 건축주들은 시공자를 선정할 때 많은 고민을 한다. 일생에 한 번 짓는 집을 누구에게 맡길지 결정하는 데는 많은 사항이 고려된다. 그런 과정을 거쳐 선정한 시공사와는 반드시 동반자 관계가 되어야 한다.

집 짓는 과정에 궁금한 사항이 있으면 바로바로 시공자와 대화하고 소통하자. 이런 과정이 없다면 건축주는 불만과 불안에 휩싸여 시공자를 점점 불신하게 될 것이다. 건축주와 시공자는 서로를 의심하고 경계하는 관계가 아닌, 원활한 소통과 서로 간의 믿음을 기반으로 한 동반자가 되어야 함을 잊지 마시길.

글_광양주택 시공자 JCON 황소진
www.jconhousing.com

대지위치	전남 광양시 옥룡면
대지면적	708.72㎡(약 214.39평)
건축면적	130.58㎡(약 39.5평)
1층 면적	130.58㎡(약 39.5평)
2층 면적	23.66㎡(약 7.16평)
연면적	154.24㎡(약 46.66평)
건폐율	18.42%
용적률	21.76%

구조	경량목구조
디자인	홈스타일토토
시공	JCON
시공기간	2012.05~2012.09

외장재	아연도 컬러강판, 테라코 수퍼화인 플렉스
내장재	석고보드 위 지정색 페인트
공법	기초 - 매트기초, 지상-경량목구조
단열	벽 - 140㎜ 연질수성폼 + 30㎜ 비드법1종 단열재
	지붕 - 185㎜ 연질수성폼
창호재	삼익 스윙(독일식시스템)
주차대수	자주식 1대
최고높이	5.6M

용인 양지 주택

분양 받은 좁은 필지에 프라이버시를 확보하려면 어찌해야 할까?

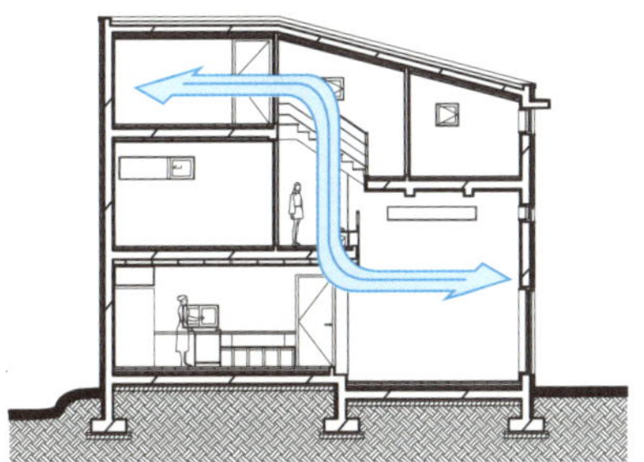

건축주 가족구성
40대 부부 + 딸2

대지면적
341㎡ / 103.15평

총면적
150.38㎡ / 45.49평

100평 내외의 분양 택지라면 독립적인 마당을 확보하는 것이 관건

1. 밖에서 안마당이 쉽게 들여다보이지 않게 둘러싸는 형태로 디자인
2. 남향을 제외한 면들은 대지 외곽을 감싸는 형태로 배치
3. 창을 작게 여러 개 만들어 맞통풍이 가능하도록 설계

B16
474-162
34-1

100여 평에 건폐율 20%였던 대지 여건은 40평대 이상의 집을 채워 넣기에 넉넉지 않은 상황이었다.
조금이라도 집을 높여서 마을 너머의 조망을 감상하고자 했던 건축주의 의도와 맞물려 집은 프라이버시를 보호하는 형태를 띠며 각 층 바닥면적을 최소화하여 올려 짓게 되었다.

100평의 단독 필지에 집짓기

양지주택은 100평 남짓 규모씩 필지가 분할되어 있는 전원주택 단지 속에 있다. 오래 전부터 조성된 마을이어서 주변에 집들은 거의 들어선 상태였다. 여유롭지 않은 땅 면적에 건폐율까지 20%인 상황이어서 집을 수평으로 늘어뜨려 계획할 수 없는 노릇이었다. 최대한 외부 시선을 회피하고자 공간을 수직으로 쌓아 올려가며 디자인을 진행했다.

디자인 접근법

다행히 건축주 역시 집을 수직으로 높이는 데 동의했다. 살림살이를 많이 넣어야 하는 창고식 공간을 외부에 별도 설치하는 것을 전제로, 실내 공간은 순수하게 거실과 방으로 전용하기로 하고 콤팩트하게 공간을 짜기 시작했다.
각층 면적이 좁기 때문에 시각적으로 협소해보이거나 수직적으로 공간이 눌리는 느낌을 줄 수 있기에, 개방감을 더할 수 있는 방도를 찾았다. 한쪽 끝에 섰을 때, 다른쪽 끝이 장애물 없이 보이도록 하였고, 수직적으로 오픈해 답답함을 줄이고자 했다.

디자인
프로세스

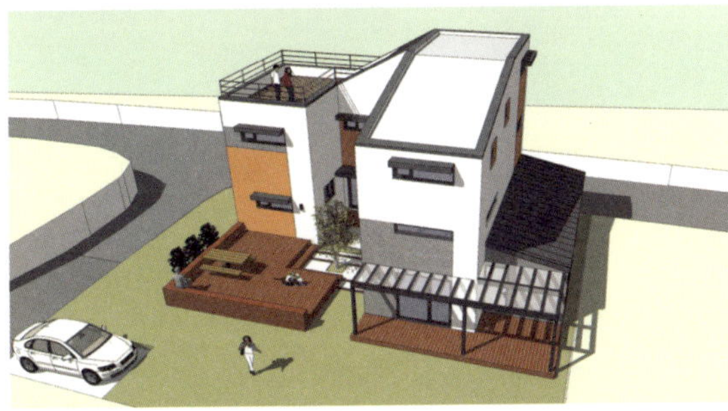

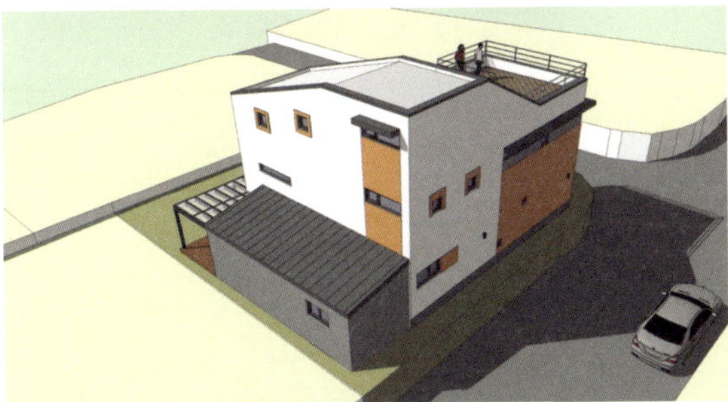

임 소장님께

일전에 이야기하신 대로 그림을 좀 더 그려봤습니다.

1. 참고로 현재 저희는 이 단지 ○○번지에 거주하고 있습니다. 저희 땅을 바라보고 왼쪽에는 2층 통나무주택이 도로에 접해 남향을 바라보고 지어져 있으며, 앞은 아직 빈 터입니다. 뒤편으로는 2층 목조주택이 있습니다.

2. 도로는 왕복 2차선 단지 내 주(主)도로입니다. 저희 땅은 동쪽으로 갈수록 약간 기울어져 도로에서 대지로 석축이 있습니다.(통나무 주택 쪽 1m 석축, 코너 쪽 50㎝ 정도)

3. 입주시점은 내년 9월 말입니다(전세계약 만료가 9월 30일입니다). 준공 이후 별도의 창고와 다용도실이 필요하므로 준공은 8월 말까지 완료되면 좋겠습니다.

4. 집은 50평 정도 예상합니다. 가능하다면 지하주차장을 두고 창고와 주방 옆 다용도실은 준공 이후 데크를 이용해 만들고 싶습니다. 단독주택에 살고 있었기에 살림도 많고 각종 농기구와 목공구, 캠핑용품들이 많습니다.

5. 남향으로 창을 많이 두고 뒷면은 환기(맞바람, 통풍)를 할 수 있는 작은 창을, 단열은 최대한 좋게, 조명은 심플하고 단순하지만 밝게, 매립등은 적게, 수납은 최대한 곳곳에 할 수 있도록, 방의 붙박이장은 깊게, 주방의 싱크대는 거실과 마당을 바라보고 소통할 수 있게, 식탁은 필요 없고 거실에서 좌식 테이블을 이용할 수 있게, 거실에는 TV 대신 책장으로 구성(현재 80×212㎝ 책장이 6개 반 있음), 1층은 노출형 벽난로를 두고 피아노는 2층으로 올릴 수 있다면 좋겠습니다.

6. 아이들 방은 각각 필요하지만, 공간이 없다면 한 방에 복층 구조로 두어도 좋겠습니다. 현재 책상이 2개 있고, 각 방에 붙박이장이 필요합니다. 아이들 방은 부부방보다 커도 됩니다. 2층 통로 및 거실은 서재 겸 PC방으로 쓰고자 합니다.

7. 화장실은 각 층에 1개씩 필요하고 1층은 손빨래가 가능한 공간이 필요합니다. 욕조 대신 문 없는 샤워부스면 충분합니다.

8. 3층은 최대한 단순하고 좌식으로 쓸 수 있는 취미실이 필요합니다. 창은 최대한 크게 하고 방 앞 옥상엔 데크와 파고라, 수도가 있었으면 합니다.

9. 마당은 최대한 넓게, 거실과 마치 연결된 듯 마루같이 쓰고자 합니다. 야외수도는 내려다보면 연못처럼 넓고 예쁘게(참고로 다섯 집의 김장을 해결해야 합니다), 거실과 연결된 바깥벽에는 콘센트 확보, 울타리는 건물과 같은 느낌으로, 마당은 잔디보다 잔자갈 또는 벽돌바닥, 화단식 텃밭만 이용할 예정입니다.
2012.10.18

건축주 조 선생님께

로드뷰가 안 나와서 입체적인 확인은 어렵지만, 3면에 장애물이 없으니 민원소지는 적어보입니다. 집 짓는 여건은 양호한 편입니다. 통나무주택은 위성 사진에 잡히지 않는 걸 보니 최근에 지은 집인가 봅니다. 말씀하신 기울기는 차량 진입에만 지장이 없으면 큰 문제가 없습니다.
11월경에 디자인을 시작해서 내년 1월경에 완료, 2~3월은 인허가와 시공자 선정 기간으로 삼고 4월에 착공하면 적절하다

봅니다. 그러면 넉넉히 7~8월쯤에 마무리가 될 겁니다.
대지상황이 건폐율 20%라서 1층의 면적이 넓지가 않군요.
대신 마당이 넓어지는 장점이 있으니, 판교나 하남 같이 빽빽한 단독주택 단지가 아닌, 진정한 마당의 여유를 느낄 수 있는 여건일 것 같습니다. 장점으로 승화시키는 것이 관건입니다.
단, 지하주차장은 어려울 것 같습니다. 대지가 도로보다 꽤나 높아야 하고, 지하 공간을 만드는 것은 얻는 것에 비해 땅에 붓는 돈이 너무 많습니다. 창고 공간이 많이 필요하신가 본데, 건폐율 때문에 적법하게 설치하기는 어려운 상황인 듯 보입니다.
위성사진에서 다른 집들 배치상황이나 지형을 보면, 영동고속도로 쪽이 탁 트인 조망으로 보여집니다. 주변에 아예 마당을 북측으로 낸 집들이 있는 것을 보면 북측 조망의 메리트가 큰 지형으로 보여집니다.
그 외 말씀하신 디자인 요구 조건을 보면 꽤 구체적인 상상을 하고 계신 것으로 느껴집니다. 공사금액은 계획을 잘 꾸려서 말씀하신 예산 범위에서 해결하도록 해야겠죠.
내년 8월 준공을 생각하신다면 지금부터 시동을 걸어야 합니다.
집 짓는 게 '탁탁탁' 진행되면 좋은데 '턱턱턱' 막히는 장애요소가 곳곳에 도사리고 있습니다.
시간적인 여유가 있어야 자신 있게 진행할 수 있을 겁니다.
더 궁금한 내용은 추가 메일로 주십시오.
2012.10.19

용인
양지
주택의

메인
디자인
콘셉트

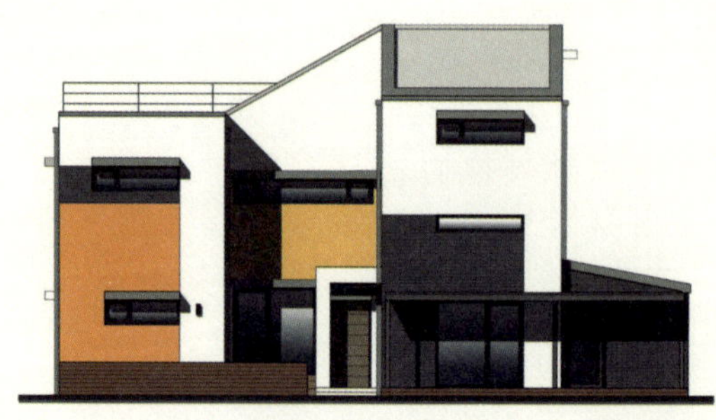

1 계단으로 공간을 분리한 나뭇가지 같은 구조

땅을 처음 보았을 때 네모반듯 참 잘생겼다는 생각이 들었다. 뒤편으로 도로가 맞닿고 자연스럽게 석축이 쌓여 있어 단지 내 분양 필지지만 이웃과의 프라이버시 관계도 나쁘지 않았다.

크지 않은 땅이었고 건축주도 40~50평 정도의 중대형 평수를 원하고 있었기에, 광양주택과 비슷하게 평면을 펼쳐놓아서 수평적인 중정주택을 만들면 좋겠다는 생각이 들었다. 그러나 법정 건폐율 20%가 발목을 잡았다. 광양주택 또한 건폐율이 20%였지만, 토지 면적이 200평으로 양지보다 2배의 여유가 있었기에 가능한 배치였다.

비슷한 콘셉트지만 푸는 방식은 달라야 했다. 다행이라면 다행일까, 건축주 가족은 층별로 가족 구성원 간에 공간을 분리해 쓰자는 아이디어를 제안했고, 그에 따라 1층부터 3층까지 올라가면서 모든 방을 만나는 나뭇가지 같은 구조가 탄생했다.

실제로 구성원 각자는 자신만의 공간에 애착을 갖고 있었다. 대지 여건과 건축주의 요구 조건이 적절하게 맞아 떨어지는 상황을 이용하여 디자인하였다.

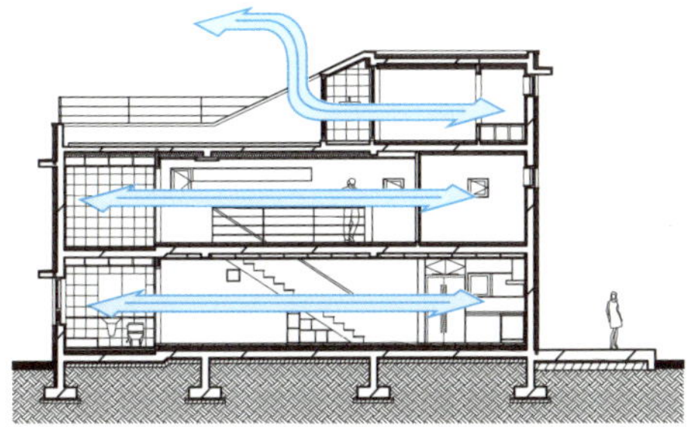

2 수평, 수직으로 열린 시선으로 협소한 공간 극복

수직형으로 돌아 올라가는 구조는 내부 공간이 답답해 보일 수 있다. 수평적으로나 수직적으로 막힌 느낌이 들지 않도록 노력했다. 수평적으로는 계단, 복도를 브릿지 삼아 건너편까지 시선이 관통하도록 했다. 길어진 동선 덕분에 자연스레 가족 구성원 간의 프라이버시 확보까지 할 수 있었다.

수직적인 공간 역시 시선이 머무는 초점을 최대한 멀리 잡으려 애썼다. 특히 거실부에서 2층 서재공간과 3층 엄마방까지 관통하게 만들어 천장이 확장된 느낌을 주었다. 건폐율 20%의 비좁은 상황에 'ㄷ' 자 형 중정구조를 가지면서도 실내에서 집이 좁아 보이지 않게 하는 것이 주요 해법이었다.

3 적절한 위치의 작은 창들은 환기와 채광에 제격

건축주는 이 집의 조망을 좋아했다. 적절한 뷰에 조망을 위한 창을 가능한 여럿 내고자 했다. 밖에서 보면 이 집은 창들이 하나같이 작거나 좁다. 따라서 환기나 채광에 대한 우려가 다소 있었으나, 실제로 집 내부에서 생활하는 입장에서는 맞통풍이 여럿 확보되어 환기에 좋고 밖에서 내부가 들여다 보이지 않아 프라이버시 보호에도 적당하다.

시공과정

1. 초록이 우거져 있던 처음의 대지

2. 동결심도 아래로 파 내려가 버림 콘크리트를 시공한다.

3. 기초 외벽 단열을 위해 타설 전 미리 단열재를 철저하게 충진한다.

4. 되메우기 후 1층 바닥 배관공사 및 철근 배근을 한다. 올바른 슬래브 양생을 위해서 빠지면 안 되는 비닐 깔기

5. 벽체 외단열 공사를 위한 네오폴 부착. 거푸집에 단열재를 부착한 뒤 타설하였는데, 이 경우 최종 스터코 마감이 고르게 나오기는 힘들지만, 골조나 단열재 간의 밀착성은 더 좋아진다고 판단하였다. 실제로는 타설할 때 단열재를 넣지 않고 나중에 외단열공사를 할 때 파스너를 써서 단열재를 부착하는 것이 정석 시공이다.

6. 시스템 창호를 설치한다.

7. 양단열 효과를 위해 내벽에 열반사단열재를 시공한 뒤, 합판과 석고보드를 설치한다.

8. 계단판은 H빔을 기본 골격으로 평철 난간대를 제작한다.

9. 실내도장 공사 완료. 주방에는 좌식 평상을 두고 하부는 수납 공간으로 활용한다.

10. 외부 마당은 데크 대신 화산석을 깐다.

마당 밖 풍경이 이국적이다.
단, 빨래 건조대만 빼고!

벽난로가 있는
거실과 창
1F

1

거실
결코 넓지 않은 거실은 마당-거실-주방으로 이어지는 수평 시야를 트고, 천장고를 2층까지 올려 수직적인 공간감을 확장했다. 그리고 큰 공간을 훈훈하게 유지할 수 있는 벽난로를 설치하였다.

노모방
어머님 방은 외부 도장에 쓰인 오렌지색을 포인트 컬러로 사용해 생동감을 주었다.

마당
건축주는 마당 관리의 어려움을 익히 알고 있던 차, 이 집 마당에는 화산석을 깔기로 결정했다. 자녀들의 특기인 외발자전거를 타는 곳이기도 하다.

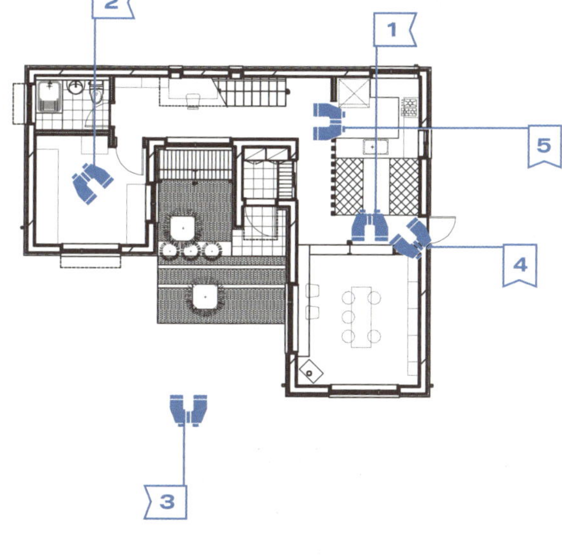

평상
아일랜드 주방에 면해 있는 좌식 평상. 하부는 수납 공간으로 활용했다.

계단실
2층으로 올라가는 계단도 공간이 좁아 보이지 않도록 투시형으로 제작하였다.

거실을 내려다보는 서재 **2F**

1

서재

이 집의 중심이자 교차점인 좌식 서재. 거실을 내려다보는 사령탑이다.

가로창
복도를 걷다보면 한쪽으로는 마당이, 다른 한쪽으로는 영동고속도로 쪽 먼 풍경이 한눈에 들어온다.

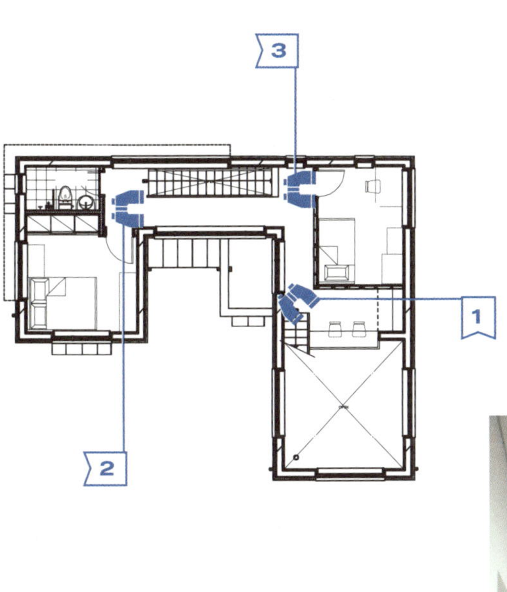

자녀방
각자의 방에 벽 한 면은 사용자가 직접 포인트 컬러를 골랐다.

꼭대기방과 이어진 경치 좋은 옥상

3F

옥상

옥상은 건축주가 자주 올라와 산너머 경치를 조망하는 곳이다.

취미실

안주인이 조용히 오라소마테라피를 즐기는 취미실. 손님들이 찾았을 때 담소를 나누기에도 좋은 꼭대기방이다. 영동고속도로까지 보이는 조망이 장관이다.

계단실

꼭대기방으로 오르는 돌음 계단. 아래위로 트여 있는 계단실이 이 집의 공기 순환에 중요한 역할을 한다.

자녀방

파란색을 포인트 컬러로 선택한 작은 방

"자기야! 우리도 언젠가 저런 집을 짓고 살 수 있을까?"
지금으로 부터 17년 전, 우리 두 아이가 태어나기 전의 이야기다. 대출을 받아 장만한 23평 아파트에서 우리는 신혼살림을 시작했다.
"그럼, 우리도 살 수 있지."
그때부터 우리의 전원에 대한 꿈과 로망은 시작되었다.
아내와 내 머리에 듬성듬성 흰 머리가 늘어가는 지금, 우리 가족은 전원주택에 살고 있다. 그동안 우리는 여느 집처럼 이런저런 시련을 겪었고, 넘어졌다 다시 일어나 부지런히 살았으며 마침내 이렇게 소박하게나마 '전원의 꿈'을 이뤘다.

5년 전, 운영하던 공장이 정부의 개발 정책에 수용되고 우리 가족은 떠밀리듯 용인 양지에 발을 붙였다. 단독주택 전세에 4년 가까이 살아오며 활동적이고 부지런한 삶을 택했다.
아파트는 편리하지만 게을러지기 쉽다. 아파트는 나의 색깔이 부족하다. 아파트는 교육비가 많이 든다. 옆집 철수가 수학, 영어, 논술, 태권도를 배우면 우리 순이는 하나 더 보태어 어학연수를 보내야 하는 치열한 교육열과 경쟁구조의 시스템이다.
우리 아이들은 20명 남짓한 용인의 한 분교에 다녔고, 그곳이 폐교되면 또 다른 분교로 옮겨 갔다. 그렇게 기러기처럼 날아와 지금 사는 집 근교에 다시 둥지를 틀었다.

홈스타일토토의 임병훈 소장님과 정신애 실장님과의 인연은 특별했다. 사실 처음 집을 설계해 달라고 메일을 보내기 전까지 무척 많이 망설였다. 혹시 퇴짜를 맞지나 않을까 하는 우려에서였다. 고작 103평 대지에 21평 건축 면적이니 명함 들이대기가 가히 쑥스럽고 부끄러웠다. 건축가의 설계란 넓은 대지를 가진 부유한 계층의 소유물인 줄만 알고 있었으니 당연하다. 또한, 자본이 빠듯한 우리 입장에서 개성과 취향을 고려한다는 건 욕심이며 별도로 설계비를 지출한다는 것도 무리라고 생각했다.
그러나 용기 내어 의뢰한 결과, 이들은 우리를 열린 마음으로 반갑게 맞아주었다. 지금은 훗날 상가를 지을 때 디자인을 부탁한다는 내 말에 "무슨 상가를 디자인까지…." 하며 먼저 우스갯소리를 하기도 한다.

인연을 처음 맺고, 1차 시안을 봤을 때 우리 가족은 정말 깜짝 놀랐다. 이렇게 설계를 할 수도 있는 것이구나! 중정을 중앙에 두어 집이 25평 이상으로 보일 만큼 넓어 보였다. 연면적 50평 남짓한 2.5층에 방을 하나 둔 3층 구조였다. 거실은 1층과 2층을 터 넓고 시원하다. 욕심껏 식구 수에 맞춰 5개의 방을 두었지만 필요 없는 방의 공간을 최소화시켜 거실에 여유를 둔 결과였다. 색감은 은모래색에 회색을 일부 흘리고 포인트는 네덜란드 풍의 오렌지색으로 주었다.
이렇게 외부를 미장 마감 처리하고 창과 난간 부분은 징크로 마감해 모던한 풍채를 강조시켰다. 당시 아내의 큰 눈은 쏟아질 듯이 더 커졌으며 반짝반짝 빛났다.

지금도 우린 설계는 반드시 전문가에게 맡겨야 한다고 주장한다. 아내는 1층에서 배를 채우고 2층에서 머리를 채우고 마지막으로 3층에서 머리를 비우는 집을 원했는데, 건축가는 이러한 취향을 단박에 파악하고 실물을 만들었다.
특히 이사할 때 가져 갈 가구와 버릴 가구를 파악해 설계에 반영했으며 납품 후에도 지나가는 길이라며 살짝 들러 안전관리 상태를 점검해 주었고 원안대로의 진행 과정을 끝까지 체크해 주었다. 지금 나는 홈스타일토토의 광팬이며 자칭 팬클럽

회장이다.

지금부터의 내 경험을 발판 삼아 초보 건축주들에게 조심해야 할 몇 가지 사항을 전한다. 내 집을 위해 애써주신 분들께 드리는 은혜의 결실이다.

빚내어 전원주택을 짓지 말자

아파트는 호환성이 있어 대출을 받아 장만하더라도 위험성이 덜하다. 그러나 전원주택은 통장 귀퉁이 쪼개어 내 집을 장만할 여유가 없다면, 적어도 집은 내 것이고 마당 정도만 은행 것으로 해야 한다.

나중에 사정이 생겨 임대를 놓고 도시로 외박 다녀와도 다시 내 집이 될 수 있을 정도는 되어야 한다는 뜻이다.

집을 짓기 전, 전세로 몇 년 살아보는 것도 좋다. 우리는 땅값을 전세비로 예치해 놓고 4년을 기다렸다. 그동안 주변 분위기도 파악하고 부동산 동향도 분석하고 좋은 터를 눈여겨 골라 적당한 가격에 살 수 있었다.

발로 뛰고 인터뷰하라

무조건 남의 집을 모방하지 말고 깊이 생각하고 발로 답사하면서 계획해야 한다. 나와 아내는 먼저 주머니를 뒤져 가용 금액을 잡고, 불청객이 되어 서슴없이 남의 집을 방문했다. 여러 업체에 견적을 받고 철근 값과 레미콘 값, 석고보드 값, 싱크대의 구조와 가격 등을 비교했다.

그럼에도 불구하고 '소장님이 추천한대로 강마루보다는 두께 3㎝ 장판이 좋았을 걸..., 소장님이 추천한 대로 페인트보다 벽지가 싸고 예뻤을 걸' 하는 아쉬움을 토로한다.

그리고 "그래도 우리 고집대로 난로는 잘 놓았지" 하며 서로 웃음 짓는다.

사소한 것에 연연하지 마라

집을 짓다 부부가 별거하거나 이혼할 수 있다?

내 경험상 가능하다고 본다. 천당의 계단을 만들다 지옥의 동아줄을 잡는 격이랄까! 부부가 서로 분야를 나누어 남자는 거친 건축을 감독하고 여자는 싱크대, 조명, 벽지, 가구, 장판 등 소프트한 부분을 지휘하는 것이 좋다.

같은 이유로 약간의 흠집에 목숨 걸고 시공자와 실랑이 할 필요도 없다. 오히려 너무 따지고 들면 건축주가 손해를 볼 수도 있다. 건축주와 관계가 좋으면 시공자는 공정을 더 꼼꼼하게 챙기고, 하나라도 더 해주려 애를 쓴다. 어차피 몇 개월 살다보면 생겨나는 흠집들이다. 단, 단열과 창호 등 추후 바꾸기 어려운 부분에는 과감히 투자하고 철저히 감리해야 한다.

잔디의 노예가 되지 마라

전원생활은 부지런하지 않으면 잡초가 무성하다. 우린 전세살이를 해 본 경험으로 잔디의 노예가 되지 않기로 했다. 마당에 현무암을 깔고 나무도 서너 그루만 심었으며 키 작고 어린 나무를 위주로 조경했다.

대신 마을 한 바퀴를 돌거나 5분 거리에 있는 앞산 등산로를 거닐며 수많은 나무와 만난다.

마을 산책을 하며 남들이 만들어 놓은 멋진 조경을 훔쳐보는 것도 재미라면 재미다.

A26~33
B11~15

대지위치	경기도 용인시 양지면 제일리
대지면적	341㎡(103.15평)
건축면적	67.83㎡(20.52평)
1층 면적	67.83㎡(20.52평)
2층 면적	50.1㎡(15.16평)
3층 면적	32.45㎡(9.82평)
연면적	150.38㎡(45.49평)
건폐율	19.89%
용적률	44.10%
구조	철근콘크리트구조
디자인	홈스타일토토
시공	드림부동산 + 건축주 직영
디자인기간	2012.11~2013.01
시공기간	2013.03~2013.09

외장재	아연도 컬러강판, 테라코플렉시텍스
내장재	석고보드 위 지정색 페인트
공법	기초 - 줄기초, 지상 - 철근콘크리트구조
단열	벽 - 외단열(100㎜ 비드법2종단열재) + 내단열(열반사단열재) 지붕 - 150㎜ 비드법2종단열재
창호재	LG시스템창호(독일식시스템)
주차대수	자주식 1대
최고높이	8M

내벽마감	KCC실내용 친환경페인트
바닥재	강마루
수전/타일/욕실기기	토바시스템
주방가구	한샘 키친바흐
조명	바이빔, 공간조명 외 기타
계단재	스프러스
현관도어	성우 스타게이트
방문	재현하늘창도어
붙박이장	한샘
마당 포장재	화산석(현무암)

프라이버시를 지키지 못하면 집이 아니다!

내 집에서 내 집이 보이는 집, 중정주택

정원이 집의 어느 영역에 위치하느냐에 따라 전정(前庭), 중정(中庭), 후정(後庭) 주택으로 구분해 부른다. 이중 정원을 집의 중심에 두는 것이 중정주택이다. 집이 반드시 도넛 모양을 하여 완벽하게 정원을 품고 있지 않더라도 집이 마당을 어느 정도 싸안고 있는 형상이라면 대부분 중정주택이라 칭한다.

정원이 완전히 집으로 둘러싸여 있는지 여부의 정원 중심적 사고보다는, 외부 시선은 차단하고 내부 시선에는 노출되는 공간 구획을 가진 단독주택이라면 큰 범위의 중정주택이라 할 수 있을 것이다.

단독주택은 첫째도, 둘째도 프라이버시가 중요하고, 현대 사회에서는 더욱 그러하다. 프라이버시 보호에 실패한 단독주택은 엄밀한 의미로 집으로서의 개념을 잘못 잡은 것이다. 때문에 중정주택을 근본으로 한 디자인들이 더욱 요구되고 있는 시점이다.

홈스타일토토가 디자인한 주택들의 마당과 조망 개념도

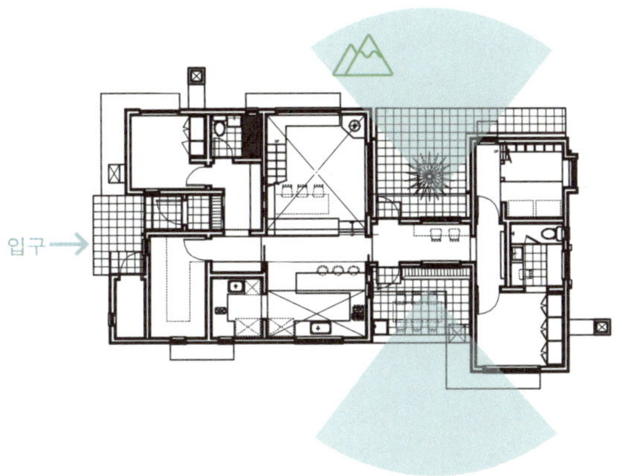

의성주택(전정 / 후정형)

남과 북에 산과 원경이 펼쳐져 있어 자연 차폐물이 형성되므로 각각의 위치에 노출형 마당이 바람직하다.

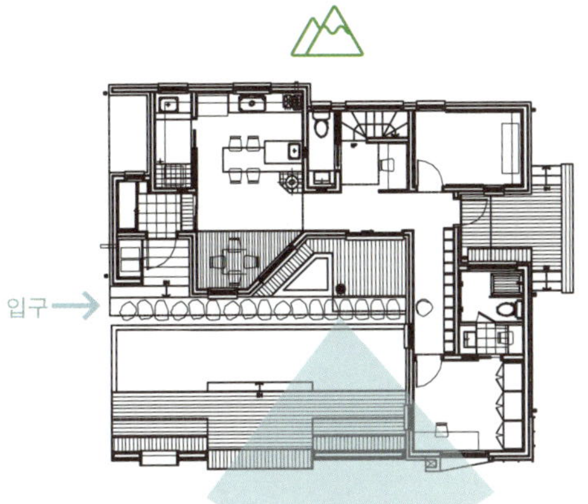

유수암주택('ㄱ' 자 형)

주변이 야트막한 개활지여서 현재는 들여다보일 염려가 없지만 이웃집이 한두 채만 들어서도 프라이버시가 침해될 소지가 다분하다. 따라서 남향의 채광을 잘 받으면서도 바다조망이 되고, 외부시선을 적절히 차단하고자 마당 전면부에 울타리가 있는 데크를 계획하였다.

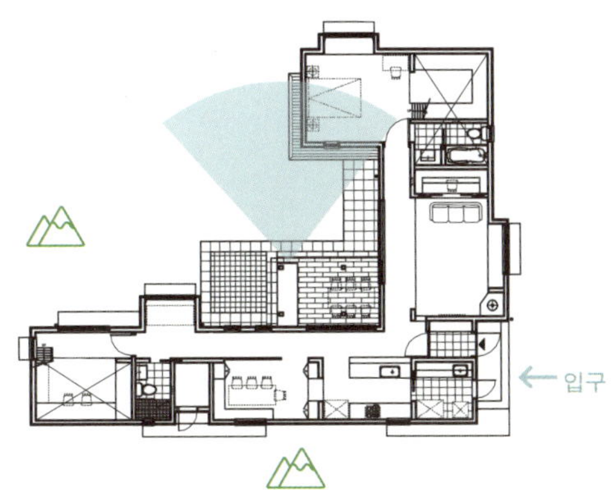

광양주택('ㄷ' 자 형)

진입부 쪽이 개방적이고 통행이 많기 때문에 그 방향을 등지고 원경을 바라보도록 집을 앉혔다.

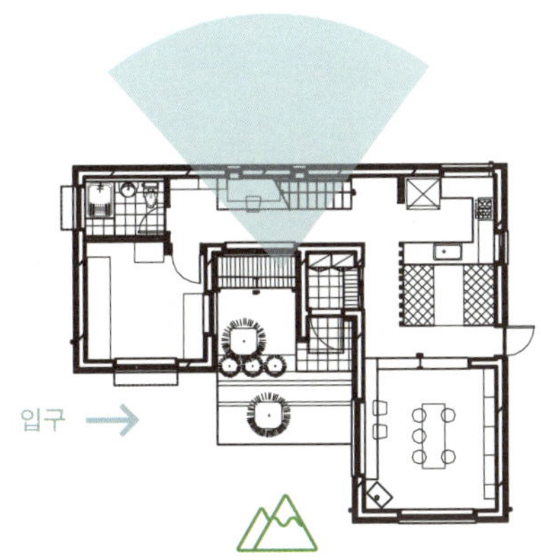

양지주택('ㄷ' 자 수직형)

단지 내 분양 필지라는 입지상 주변에서 들여다보는 시선이 많아, 남향을 제외하고는 3면을 둘러싸는 방법으로 평면을 구성하였다.

CASE 03
저지대(低地垈) 주택

도로보다 낮은 땅에 집짓기

양평 옥천면 주택

양평 옥천면 주택

도로보다 낮은 땅에 집을 지을 때는 어찌해야 할까?

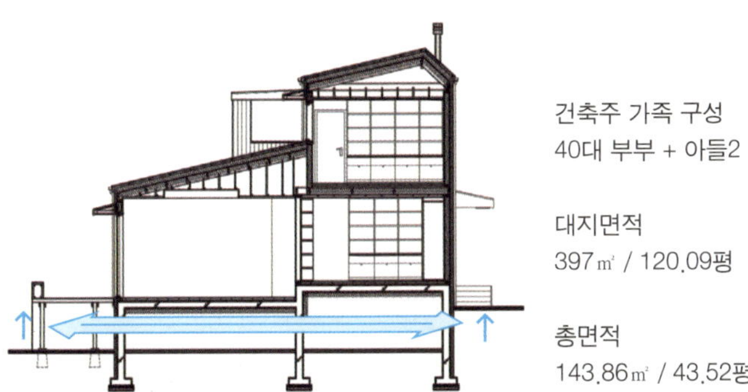

건축주 가족 구성
40대 부부 + 아들2

대지면적
397㎡ / 120.09평

총면적
143.86㎡ / 43.52평

도로보다 지대가 낮다면 기초 높이를 잘 설정하는 것이 중요

1. 낮은 도로 쪽을 확실하게 등지고 남향을 얼굴로 삼는다.

2. 협소한 대지 폭을 극복하기 위한 콤팩트한 복층 디자인

HD

대지는 야트막한 산자락을 북으로 두고, 남동서 어느 한 곳 막힌 시야가 없다. 전망이 탁 트였으면서도 아늑한 환경이었기에 도로와의 높이 차(약1.5m)를 감안하여 집을 짓는 것이 꽤 중요한 사안이 되었다. 기존 지목이 답이였기에 비나 눈이 오면 땅이 다소 질척해, 시공자와 상의하여 대지 여러 군데에 CIP 말뚝을 박아 지내력을 확보했다.
아울러 약 1/2층 높이의 줄기초를 하고 물이 고여 들지 않게 자연 구배 처리를 하여 뿌리를 든든히 하는 것으로 집짓기가 시작되었다.

도로보다 낮은 토지에서 유념해야 할 것들

도로보다 내 땅이 낮다는 것은 여러 의미가 있다.

1. 비가 많이 오면 빗물이 집으로 흘러 들어 침수의 우려가 있다 - 배수관리

2. 땅이 주변보다 낮으므로 밖에서 안이 들여다보이기 쉬운 여건이다 - 프라이버시 침해

3. 기초를 높이려다 보면 토목과 관련한 비용이 상승한다 - 공사비 문제

대지조건은 이 집의 디자인 전반에 많은 영향을 주었다. 우선 프라이버시 보호를 위해 집은 도로를 등지고 완전히 남향을 바라보도록 해야 했다. 다행히 필지의 남쪽 방향 땅이 지대가 더 낮았기 때문에 그쪽에서 집 안을 쉽게 들여다 볼 수는 없는 상황이었다. 따라서 기초를 높여서 도로와 레벨을 맞추고, 높아진 1층 바닥을 마당과 괴리감이 느껴지지 않게 자연스럽게 처리하는 일이 과제가 되었다.

디자인 접근법

디자인 초기, 건축주는 전형적인 평면에 클래식한 외관을 추구했다. 우리는 좀 더 색다른 제안을 하기로 했다. 건축주를 소개해 준 지인이 먼저 모던한 디자인을 추천했고, 건축주는 흥미를 보이며 우리와 함께 내외부 디자인을 잡아가기 시작했다.
폭이 좁은 대지였고 건축주가 원하던 평면 구조가 정해져 있는 상황이라, 오히려 디자인하기 편한 사례였다. 전반적인 공간 프로그램은 건축주의 의견을 따르고 아기자기하게 디자인적 언어를 심는 것으로 마무리하였다.
특히 건축주는 준패시브 수준의 단열 성능을 원하고 있었다. 단열 두께나 시공법을 패시브급으로 지향하며 진행하였고, 한국패시브건축협회 등록 시공사를 통하여 견적을 받는 과정을 거쳤다. 그러나 건축비가 만만치 않아 결국 자재와 시공 디테일들을 어느 정도 절충하는 선에서 시공이 이루어졌다.

디자인 프로세스

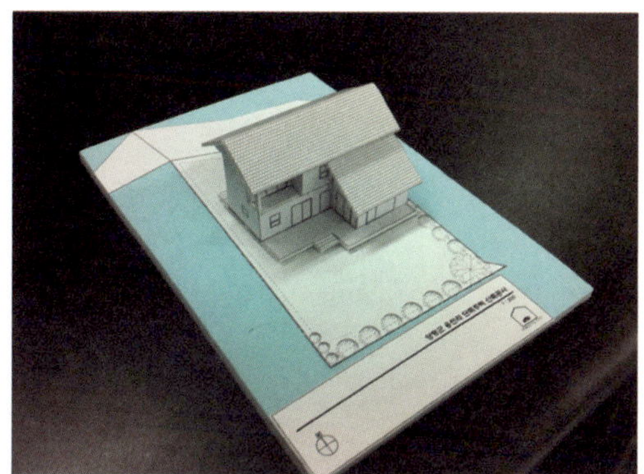

초기 샘플 형태

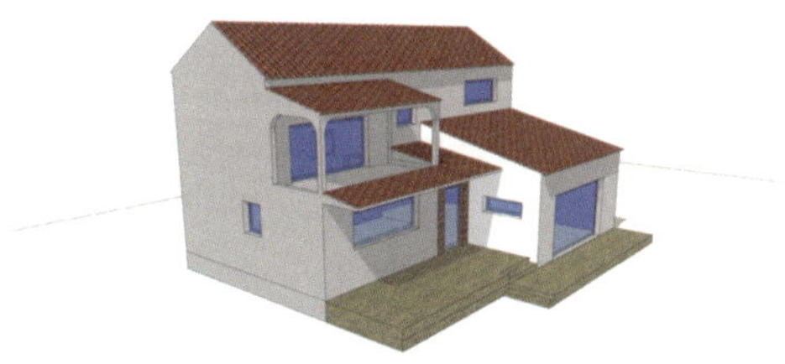

클래식한 스타일로 변형

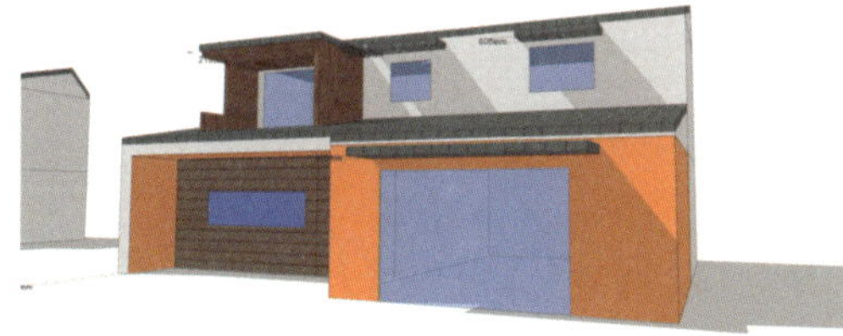

심플하고 각진 스타일로 다듬기

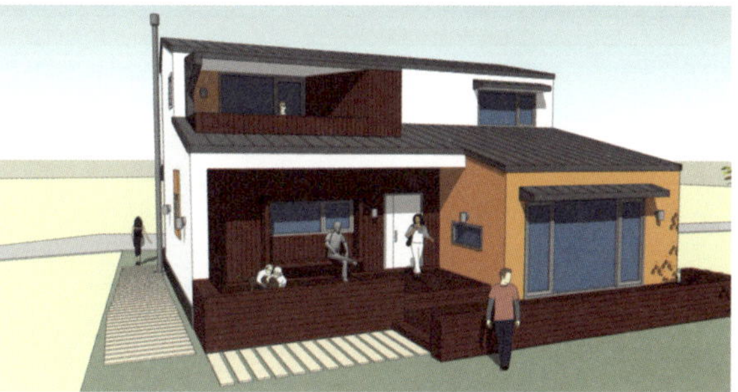

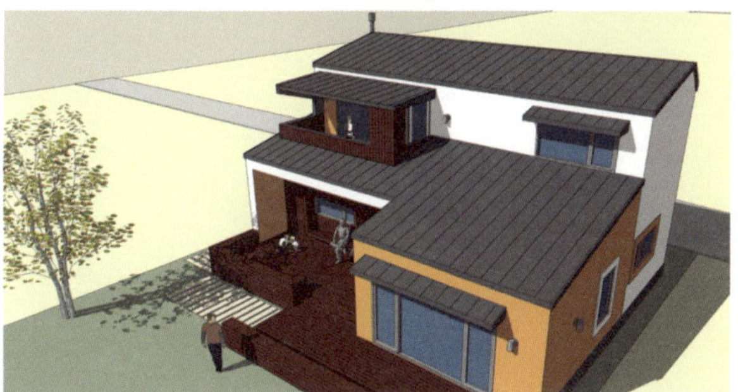

양평 옥천 주택의 / 메인 디자인 콘셉트

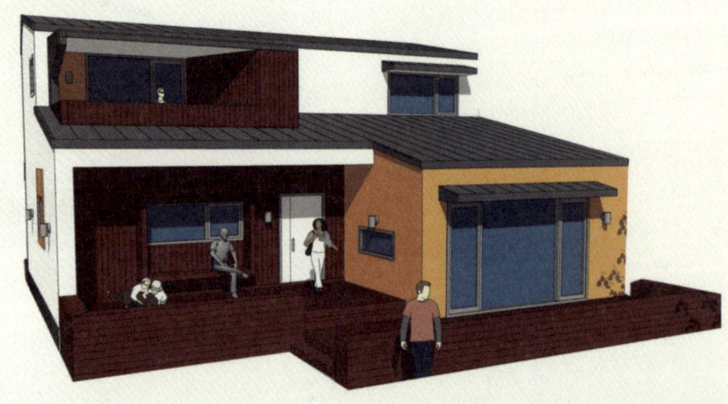

1 레벨 차를 느끼지 못하도록 자연스럽게 동선을 구성하기

대지를 지적도상에서 먼저 살폈을 때는 굉장히 협소하게 보였다. 막상 현장을 마주했을 때는 경계선 없이 너른 전답이 그대로 펼쳐져 답답하지 않았다. 다만, 집이 들어설 자리는 한정되어 있었다.

건축주는 집의 내부 구조를 나름대로 구상하고 있었기에, 그 제안들을 담아 낼 집의 내외부 형태를 고민하였다.

외관은 좁은 폭을 의식하여 콤팩트한 박스형을 기본으로 하되 혹시 심심해 보일까 싶어 조형적으로 다듬는 작업이 요구되었다.

무엇보다 땅이 도로보다 1m 이상 낮아서 실내 바닥을 되도록 올려 시공해야 하는 부담이 있었기에 집 주변에 데크를 두르고 실내에도 스킵 플로어를 두는 등 집으로 접근해 들어가는 레벨 변화에 주목했다. 밖에서 안으로 들어가는 동선이 급작스럽게 느껴지지 않도록 배려했다.

2 아이들에게 즐거운 집 만들기

아이들이 재밌게 지낼 수 있는 집을 만들고자 하는 것도 이 집의 중요한 콘셉트 중 하나였다.

1층에는 거실과 이어지는 놀이방을 두었는데, 사이에 유리를 설치해 내부 공간에 숨통이 트이게 했다.

1층은 주방-놀이공간-거실-데크로 동선이 자연스레 이어지게 하여 단독주택 생활의 묘미를 살리고, 침실은 2층에 두었다. 건축주는 아이들에게 시각적인 자극을 주고자 각 공간에 개성 있는 컬러 배색을 하고자 했다.

그러나 컬러는 잘못 처리하면 너무 어지러운 느낌을 줄 수 있으므로 메인색을 골라 적절히 적용하고 최대한 패턴화된 마감 요소는 배제했다. 전체적으로 밝은 톤으로 마감하여 각 공간에 다른 컬러를 적용하고도 어수선한 느낌을 줄이고자 했다.

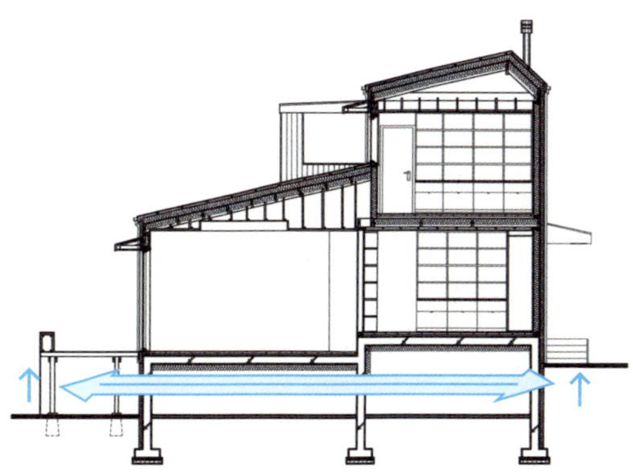

시공과정

1. 주변이 논으로 둘러싸여 있고 조금만 비가 와도 물이 고이는 토질이라 기존 건물의 기초를 파쇄한 폐자재를 잡석 삼아 지내력을 보강했다.

2. 지내력 보강을 위해 시공자는 잡석 다짐 후 스크류 오거(Screw auger)를 이용한 CIP 말뚝을 여러 군데 설치한다.

3. 천공 후 각각의 말뚝에 철근을 배근하고 버림콘크리트면과 일체화하여 타설한다. 집이 케이크이라면 케이크 받침대를 만들어 준 셈이다.

4. 지반을 다진 후 도로 높이 이상으로 줄기초를 두르고 1층 레벨을 잡았다.

5. 상승한 기초 하부를 외부 창고식 크롤스페이스로 처리하고 1층 바닥을 슬라브로 처리하는 대신 장선을 깔아서 바닥을 만들었다.

6. 줄기초의 외벽 대부분이 노출되는 상태이기 때문에 압출법 '가' 등급 단열재로 줄기초면을 둘러 주었고, 단열재를 거푸집에 부착하고 타설해 기밀성을 더했다.

7. 압출법 스티로폼으로 레인스크린을 구성하여 외단열재를
부착했다.

8. 시스템창호 안팎으로 기밀테이프를 부착했다.

9. 외벽은 스터코플렉스로 마감하고 전면부에는 적삼목으로
데크를 시공했다.

10. 내부도장작업을 위한 하도작업은 최대한 정성스럽게 한다. 도장 작업은 도배보다 여러 번 손이 가므로 비용이 많이 든다.

11. 오렌지 포인트로 외부 컬러를 도장한다.

12. 처마 밑 외벽에 벤치를 시공해 외부에 나와 걸터앉을 수 있게 했다. 이 부분은 외단열재를 별도로 시공하기 어려워 열반사단열재를 보충해 넣었다.

EXTERIOR
DESIGN

1

집의 배면
출퇴근길, 지나다니는 길에서는 항상 뒷면만 보이기 때문에 후면부 디자인에도 재미를 더하고자 했다.

데크
저지대를 극복하고자 기초를 높이면서 자연스럽게 생기는 단차로 인해 입체적인 데크가 만들어졌다. 적절한 난간벽을 세워 데크의 이용도를 높이면서 안전성도 확보하였다.

수납실
계단실 옆 수납 공간을 크게 만들었다.

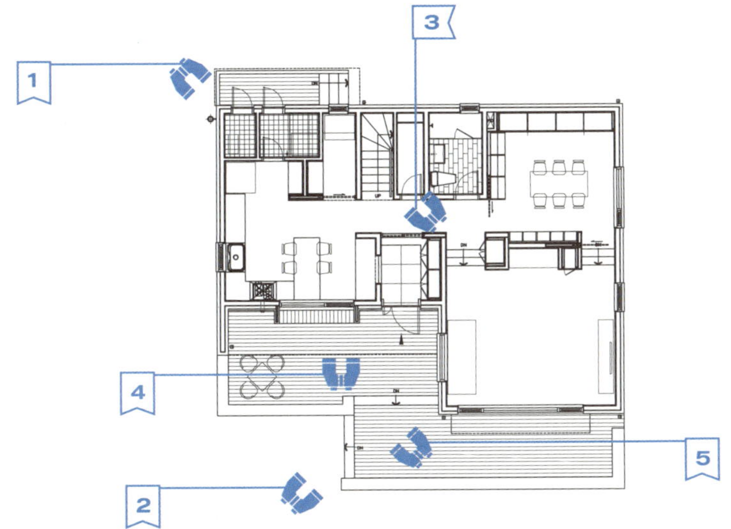

현관
과일껍질과 과육의 색이 다른 것처럼 이 집의 겉살과 속살에 적절한 색채 반전을 주고자 했다.

처마
너무 콤팩트한 디자인은 자칫 단순한 인상을 줄 수 있어 1층 툇마루와 2층 테라스에 적절한 조형미를 더했다.

거실과 하나된
아이들의 공간
1F

1

놀이방
거실에서 바라본 놀이방 전경

거실
아이들 놀이방 쪽에서는 거실을 거쳐 마당까지 시야가 트인다.

식당
강렬한 오렌지색 바닥에 거친 타일 마감과 파스텔톤 허니콤블라인드가 묘한 대비를 이룬다.

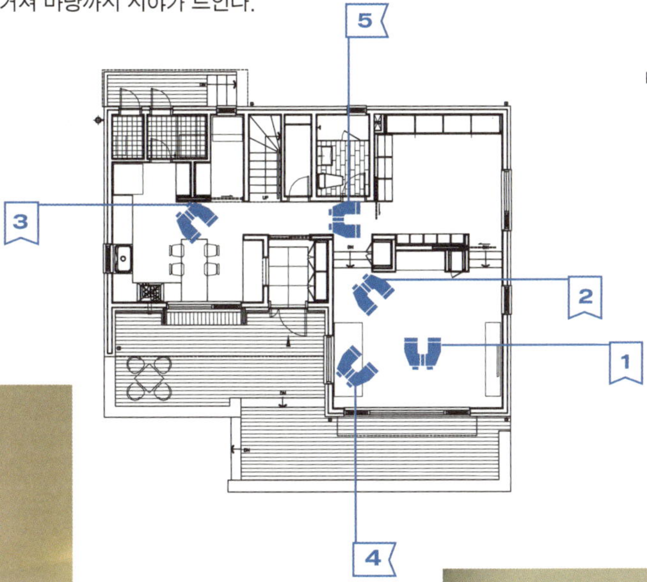

거실
스킵플로어로 인해 생긴 웅장한 천장고와 LED 바리솔 조명으로 구성된 광천장으로 꾸민 거실

놀이방
수납장과 책장이 있어 아이들 옷과 장난감, 책들을 정리해두는 다용도 놀이방. 거실과 트여 있다.

컬러와 자재가 다양한 공간 **2F**

1

계단실
건축주는 자재들이 대비를 이루어 마감되는 것을 선호했다. 디자인하는 입장에서는 반대 의사를 표했으나 건축주 의견으로 설치된 담쟁이 패턴 유리벽은 계단실의 심심한 분위기를 생동감 있게 바꾸어 놓았다.

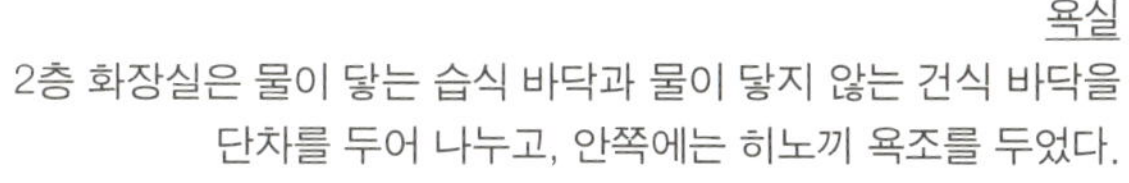

욕실
2층 화장실은 물이 닿는 습식 바닥과 물이 닿지 않는 건식 바닥을 단차를 두어 나누고, 안쪽에는 히노끼 욕조를 두었다.

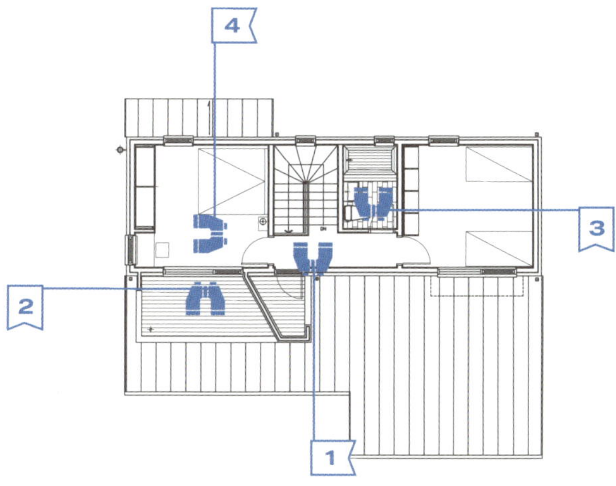

테라스
사령탑이라 일컬어졌던 2층 안방 테라스. 원경이 한눈에 들어온다.

안방
블루톤 바닥의 안방

Q. 기초를 경제적이면서도 탄탄하게 하는 노하우가 있다면?

부동침하(不同沈下 : 땅이 내려 앉아 건축물이 부분적으로 침하를 일으키는 현상)나 동결심도(凍結深度 : 땅이 얼어 들어가는 정도)를 고려한다면 줄기초가 가장 좋겠지만, 현실적인 비용 문제도 무시할 수 없다. 집의 하중이 상대적으로 가벼운 목구조 주택의 기초를 콘크리트 주택과 똑같이 하는 것도 불합리하다고 볼 수 있다. 단지, 땅이 부분적으로 성토된 경우에는 땅에 충분한 양의 구멍을 뚫고 철근과 콘크리트를 부어 넣어서 안정성을 최대한 확보하는 방법을 추천한다. 경사지 땅들을 비롯해 많은 경우 단순한 줄기초나 매트기초로는 부족한 면이 많다. 기초 공사는 의외로 비용이 많이 들어갈 수 있으니, 현장 상황에 맞춰 최대한 경제적이면서 합리적인 방법을 찾는 노력을 해야 한다.

Q. 단열성을 높이기 위해서는 어떤 방법을 강구하나?

소규모 건축물에 주로 사용하는 그라스울(유리섬유)은 성능이 많이 떨어지는 자재가 아니라, 제대로 시공하지 않아 성능을 발휘하지 못하는 경우가 많다. 내장 목공 작업이 시작되기 전, 꼭 단열재 충진 작업을 추가로 진행하고 별도의 확인 과정을 일일이 거친 후, 다음 공정으로 넘어가는 것을 원칙으로 삼아야 한다. 건물 전체 외벽은 투습방수지를 전체로 둘러 집의 기밀성을 높여야 한다. 외단열시스템의 경우도 빠지는 공정 없이 시방서 그대로 지켜서 시공되는지 반드시 확인해야 한다.

Q. 내부 마감재로 추천하는 것은?

실제로 도장 시공은 크랙이 가거나 오염되기 쉬운 단점들로 쉽게 권하기 힘든 점이 있다. 제대로 하려면 비용이 많이 드는 것도 문제다. 이처럼 비용적인 부분이나 관리 측면에서 부담이 되는 것은 사실이지만, 친환경적인 면과 인테리어적인 느낌에서는 벽지보다는 도장 마감이 더 낫다고 본다. 도장 작업은 특별한 노하우보다는 추후에 크랙 등 문제를 최소화하도록 정확한 방법으로 시공해야 한다.

Q. 창호재 선택에 기준이 있다면?

최근 들어 창호 업체들이 많이 생겨나고 있고, 그에 따른 경쟁으로 제품 가격도 점점 내려가는 추세.
될 수 있으면 독일식 시스템 창호를 권하고 있으며, 산간 지역 같이 많이 추운 지역은 삼중유리를 고려해야 한다.
창호는 집의 성능이나 인테리어적인 효과에서 매우 큰 비중을 차지한다. 다른 외장재나 마감재에서 비용을 조금 줄이더라도 좋은 창호를 쓰는 것이 나중에 후회를 줄이는 방법이다.

Q. 본인이 생각하는 잘 지은 집은?

시공자는 주택을 디자인한 사람의 의도를 이해하고 시공에 임해야 한다. 작은 디테일이라도 소홀히 여기면 설계 당시에 의도된 부분이 제대로 구현되지 못하는 경우가 비일비재하다. 그리고 이상적인 이야기로 들릴 수 있지만, 집을 지으면서 현장에 관계된 모든 사람이 행복해져야 된다고 믿는다. 집주인이 그 집에 만족하며 지내야 건축가는 물론, 시공자와 기술자들도 그 일에 자부심을 갖고 보람을 느낄 수 있다.

글_옥천면 주택 시공자 집을그리다 이중재
www.drawinghome.co.kr

대지위치	경기도 양평군 옥천면 용천리
대지면적	397㎡(120.09평)
건축면적	96.46㎡(29.18평)
1층 면적	91.02㎡(27.53평)
2층 면적	52.84㎡(15.98평)
연면적	143.86㎡(43.52평)
건폐율	24.3%
용적률	36.24%
구조	경량목구조
디자인	홈스타일토토
시공	집을그리다
디자인 기간	2011.07~2011.10
시공 기간	2011.11~2012.01
외장재	아연도 컬러강판, 스타코플렉스
내장재	석고보드 위 지정색 페인트
공법	기초 - 줄기초, 지상-경량목구조
단열	벽 - R19그라스울 + 100㎜ 비드법1종단열재
	지붕 - R30그라스울 + 100㎜ 샌드위치패널
창호재	알파칸(독일식시스템)
주차대수	자주식 1대
최고높이	7.4M
내벽마감	벤자민무어 친환경페인트
바닥재	LG지아마루
욕실기기	대림, 아메리칸스탠다드
주방가구	한샘 키친바흐
조명	필립스, 바리솔
계단재	자작나무합판
현관도어	성우스타게이트
방문	현장제작 합판도어 위 인테리어필름마감
붙박이장	한샘
데크재	적삼목

설계자•건축주•시공자, 입장 바꿔 생각해 봅시다

시공자의 언어, 건축주의 언어를 가운데서 듣다 보면, 서로 몇 광년은 떨어진 듯한 괴리감을 느낀다. 많은 건축주들이 '건축가는 건축주를 대변해야 하고, 시공자는 반사기꾼에 불과하다' 고 생각하고 있다.
모든 문제는 불신에서부터 시작하며, 그 불신을 없애기 위해 요즘에는 건축가와 시공자들이 다각도의 노력을 기울이고 있다. 예비 건축주들도 미리 그들의 입장을 숙지한다면, 불필요한 오해가 줄어들 것이다.

건축주가 명심해야 할 것들

단독주택은 건축주 가족만을 위한 공간이다. 무조건적으로 맡기기 보다는 가족들이 모여 집에 대한 밑그림을 그리고, 이를 건축가에게 충분히 전달할 수 있어야 한다. 첫 단추를 '대강', '알아서' 시작하면 나중에 정작 원하는 공간을 실현할 수 없다.
이미 약속해 진행되는 부분에 대해서 단순변심으로 인한 변경은 최소화해야 한다. 이러한 과정은 건축가와 시공자로 하여금 시간적, 물적 손실을 일으킨다.
시공자가 지은 집을 가보거나 직접 만나보지 않고 견적서만 이메일로 건네 받아 공사비를 기준으로 시공자를 선택하는 것은 좋지 않다. 무조건 저렴하게 해주겠다고 접근하여 일을 성사시킨 다음, 공사 중에 이런저런 추가분을 만들어 결재를 강요하는 시공자들도 있기 때문이다.
집을 짓다 보면 주변에서 훈수꾼을 자처하는 사람들이 많이 생긴다. 일단 일을 맡기기로 했으면 건축가와 시공자에게 힘을 실어주고 격려할 필요가 있다.
인터넷에 올라와 있는 정보는 해당 현장에 맞지 않는 정보가 될 수 있다. 의문점이 드는 부분은 해당 건축가, 시공자와 바로바로 상의한다.
또한, 도면이나 견적 외의 부분을 추가 시공할 경우에는 그에 합당한 비용을 지불해야 한다.

건축가가 명심해야 할 것들

건축가는 계약 전 초기 미팅을 충분히 하도록 한다. 거리상 매번 방문하는 것이 여의치 않다면 이메일로 여러 차례 질의를 통해 디자인 도면을 최대한 상세히 작성하며 공사 중 추가되는 사항이 없도록 한다.

자재 표기가 정확해야 하며, 섹션상의 벽체 마감 리스트와 지붕 부분 벤트, 단열 처리 부분을 상세하게 표기해 시공 물량에 정확히 반영되어야 한다. 설계 도면이 충실할수록 정밀한 견적서가 만들어진다.

건축주의 의견을 충분히 반영하여 진행하되 예산을 초과할 수 있는 상황이 되면 지체 없이 경고등을 울려야 한다. 대부분의 문제는 자금에서 발생한다. 때문에 건축가는 평소 디자인뿐 아니라 자재와 인건비에 대한 시장 가격과 동향, 시공자 입장에서의 견적 감각을 함께 갖고 있어야 한다.

건축주와 첫 대면한 시점부터 완공된 집에 입주하는 기간까지 함께한다는 생각으로 전체적인 과정의 조력자가 되어야 한다.

시공자가 명심해야 할 것들

견적서를 작성할 때, 각 공정별 1식 공사 표현을 지양하고 정확한 물량을 산정하여 각 항목의 물량과 단가 표기를 확실히 해야 한다. 물론 이것이 가능하기 위해서는 주택 디자인 도면이 충실하게 작성되어 있어야 한다.

건축주와 견적서를 가운데 두고 미팅할 때는 총액만 가지고 대화하기보다는 견적서를 순서대로 넘겨가며 설명해 건축주가 집이 지어지는 모습을 머릿속으로 상상할 수 있게 한다. 필요하다면 각종 자재 시방서나 디테일에 대한 도해를 제시하며 설명해도 좋다.

건축주가 가장 걱정하는 단열이나 창호, 방수 등에 대해서는 알기 쉽게 설명하고, 시공 중 공사 현장에서 건축주에게 적극적으로 설명하는 자세가 필요하다.

최근에 완공된 시공 현장에 예비 건축주를 대동해 내외관을 함께 살피며 여러 설명을 해주는 것은 건축주에게 자신을 어필할 수 있는 좋은 방법이다.

예비 건축주들이 걱정하는 완공 후 A/S 처리에 관한 입장도 A/S 기간이나 범위 등을 계약서에 미리 밝혀두는 것이 좋다. 견적서에 무엇이 포함되어 있고, 어떤 것들은 별도로 처리하였는지(흔히 말하는 옵션 사항) 미리 구두 설명과 서식으로 명기해 두는 게 좋다.

CASE 04
택지지구 주택

택지지구에 집짓기

하남 덕풍동 주택
나주 혁신도시 주택

하남 덕풍동 주택

택지지구에서 임대를 위한 '한 지붕 두 가족 주택'은 어떻게 지을까?

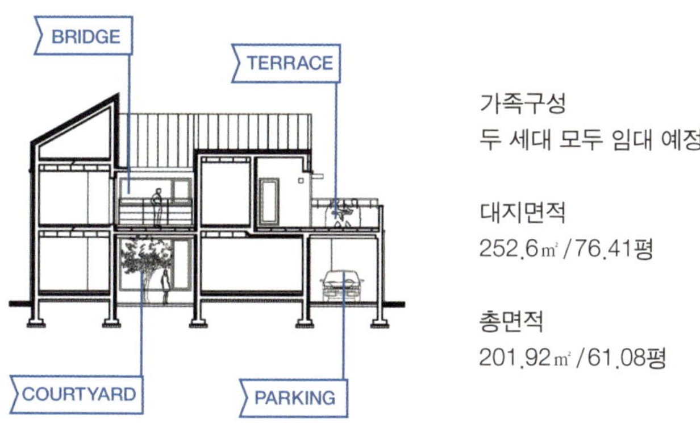

가족구성
두 세대 모두 임대 예정

대지면적
252.6㎡ / 76.41평

총면적
201.92㎡ / 61.08평

아파트와 전원주택의 중간 지점, 택지지구 단독주택 짓기

1. 2세대로 나누어 1층은 마당을, 2층은 조망과 테라스를 넉넉히 준다.
2. 아파트와 전원주택의 장점을 살려 2세대가 함께하며 각자의 프라이버시를 보장 받는다.

영아전문
이화 어린이집

POST
post

건축주는 집을 짓더라도 당장 입주할 생각이 아니었다. 완공되더라도 당분간은 전세를 주어야 할 상황이라 집을 2가구로 계획해 전체를 전세로 주었을 때 건축비 이상의 자금이 확보될 수 있게끔 했다.
택지지구 특성상 프라이버시가 보장된 마당을 확보하기란 힘든 노릇이라, 좁더라도 각 층 고유의 마당과 테라스가 주어질 수 있도록 하는 데 집중했다.
또한 임대자들의 취향을 고려해 일반적이면서 감각적인 디자인으로 완성하고자 했다.

택지지구 단독주택은 왜 모두 비슷한 디자인일까

아파트와 전원주택 중간 지점이 택지지구 단독주택이 아닌가 생각을 한다. 일단 입지가 도심과 가까워 생활권역이 아파트에 못지 않으니 그렇다. 그러면서도 밀도가 도심에 비해 낮으니 쾌적한 주거 여건이 형성된다. 그러나 초기에 택지지구 단독주택 단지를 방문했을 때는 갑갑함을 느꼈다. 법적 용적률을 지나치게 채워 과시용으로 짓는 탓이 컸다. 그에 따라 각 주택의 마당 공간이 줄어들고 일조권도 좋지 않아 전체적인 단지의 느낌이 갑갑하고 어두워보였다.
한 가지 더 수요자들을 갈등하게 만드는 것은 특히나 수도권 택지지구의 토지 비용은 기반시설을 고려하더라도 주변 일반 토지들에 비해 높게 형성되어 건축비를 더한다면 집짓기까지 상당한 비용을 필요로 한다. 따라서 자금 여건에 맞게 소형으로 짓거나 타 세대와 나누어 거주하는 등의 여러 가지 대안이 필요한 상황이다.

디자인 접근법

하남주택은 준공 후 두 개층을 모두 임대하는 방향으로 디자인했다. 건축주는 추후 여건이 될 때 이중 한 개층으로 입주한다는 계획을 가지고 진행하였다. 일단 채광 조건이 좋지 않은 북향이라 주변 집들에 의해 그림자가 드는 상황이어서 밝은 느낌의 외벽을 상상했고, 그러면서도 집이 가벼워 보이지 않도록 지붕은 무게감 있게 디자인했다. 답답한 느낌이 들지 않도록 외벽은 단조롭게 만들었다.
주변에 집들이 촘촘하게 들어서 있어 1층은 1층대로, 2층은 2층대로 각각의 프라이버시를 보장받으면서도 자유롭게 활동할 수 있는 외부 공간을 설정하고자 했다. 결국 1층에는 중앙마당과 전용 주차장, 2층에는 주차장 위 테라스와 휴식용 브릿지를 두었다.

디자인
프로세스

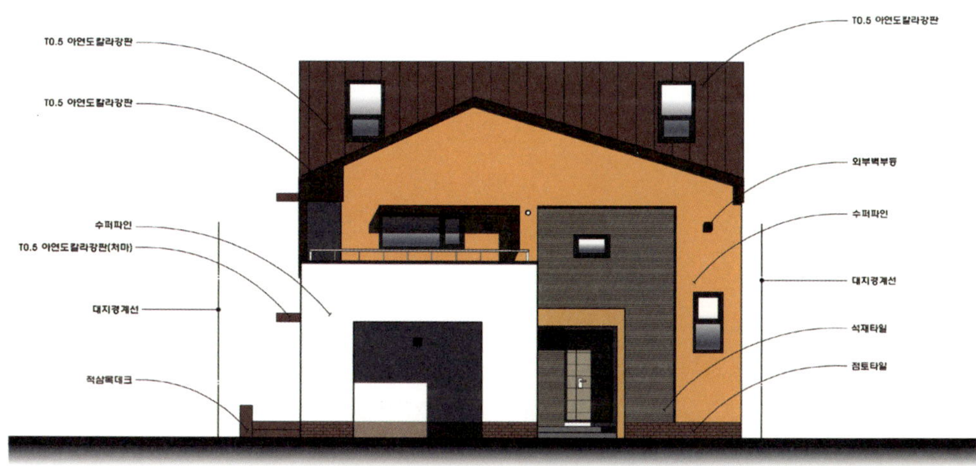
T0.5 아연도칼라강판
T0.5 아연도칼라강판
수퍼파인
T0.5 아연도칼라강판(처마)
대지경계선
적삼목데크
T0.5 아연도칼라강판
외부벽부등
수퍼파인
대지경계선
석재타일
점토타일

하남 덕풍동 주택의 / 메인 디자인 콘셉트

1 임대 수입이 건축비보다 높은 집

이곳이 전형적인 택지지구 단독택지로 조성된 지는 시간이 꽤 흘렀다. 빈 땅이 거의 없이 집들이 들어서 있고, 여느 택지지구와 마찬가지로 대부분 집들은 마당이 거의 없는 상황이었다.

대지는 이미 주변에 다섯 집이 모두 지어진 상황으로, 이들은 해당 토지를 전부 에워싸고 들여다보고 있는 상태였다. 마당을 두더라도 3층 높이의 주변 집들에 가려 어둡기 때문에 차라리 사업성을 최대한 확보한 디자인으로 건축주를 설득했다.

2세대를 지어 모두 전세를 주는 비용과 투입되는 건축비를 계산해 보았다. 45평 가량의 단독주택을 짓고 전세를 주면 전세금 대비 건축비가 제로에 가깝고,

70평 가량으로 2세대를 지어 임대를 주면 1억 이상의 흑자가 나온다. 물론 나중에 건축주가 입주할 때는 한 세대의 전세금을 돌려줘야 하지만, 그때는 몇천만원 정도의 분담금으로 가능하다는 계산이 나왔다.

당장 입주를 못할 상황이라면 초기 비용이 적고 나중에 입주 시에도 자금 부담이 적은 방향이 맞을 거라 생각해 그에 맞춰 진행되었다.

2 그럼에도 불구하고 프라이버시 찾기

사업성 때문에 허용 용적률을 대부분 확보하고 2세대로 나누었지만, 최대한 프라이버시를 존중 받을 수 있는 안을 찾아야 했다. 결국 1층 세대는 중정과 앞마당을,

2층 세대는 테라스를 여유 있게 배치해 마당을 확보하고자 했다. 내부에서 현관이 각각 갈라지도록 계획해 층간 부대낄 일이 없도록 하였다. 다만, 중앙의 2층 브릿지에서 아래가 내려다보이는데, 이 공간의 이용에 관해서는 사는 이들의 라이프스타일에 맡기려고 마음 먹었다.

시공과정

1. 동결심도와 콘크리트 주택의 자체 무게로 꽤 깊은 줄기초가 되었고, 시공자 의견에 따라 기초도 처음 디자인보다 더 보강되었다.

2. 기초 외벽으로 빠져나가는 열을 막기 위해 기초 벽면에 압출법 단열재를 시공했다.

3. 1층 골조 거푸집은 최대한 새 것에 가까운 것으로 구해 시공했다.

4. 2층 바닥의 철근 배근 작업. 압출법 단열재가 있는 부분은 하부 실내 공간이 1층 거실이다.

5. 2층 벽체 거푸집을 시공하는 모습

6. 지붕 단열을 위해서 가등급의 네오폴을 시공했다.

7. 전체 골조의 양생을 모두 마치고 거푸집을 탈형한다. 내부 벽체 작업을 위해 시멘트 벽돌이 반입된다.

8. 창호 프레임이 설치되고 지붕 컬러강판 공사 후에 외벽 스터코 공사가 이어졌다.

9. 도배와 가구 설치 작업. 실내 도어는 현장 제작 후 인테리어 필름을 붙여 컬러로 포인트를 주었다.

10. 건물 주변에는 화살나무, 남천, 청단풍, 주목 등을 심어 조경을 가꾼다.

삼면이 다른 집들로 둘러싸인 북향집이라 대부분의 입면이 어둡다. 유일하게 빛을 잘 받는 남서측면은 오렌지빛 컬러로 미장해 강렬한 포인트를 주었다. 이 색은 생동감 있는 삶을 바라는 마음에서 자주 사용하게 되었고, 지금은 홈스타일토토가 디자인한 집들의 상징색이 되어 버렸다. 어쩌다 오렌지 색을 사용하지 않으면 일부러 사용해 달라고 요청하는 건축주도 있다.

1

현관
진입부쪽 입면은 이웃과 대비되는 다채로운 표정을 갖고 있다.

브릿지
1층 중정에서 올려다 본 하늘. 좁지만 빨려 올라갈 듯한 느낌으로 답답하지 않다.

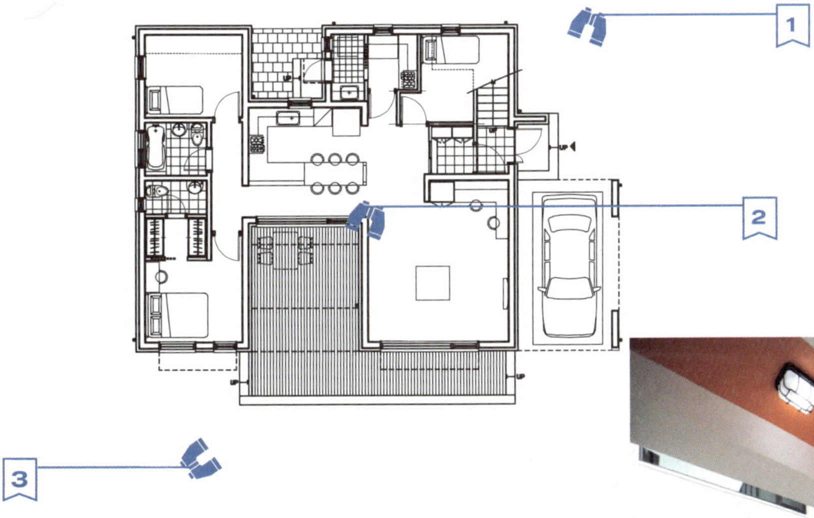

중정
1층 주방과 이어진 가운데 마당

강렬한 컬러감의 대비
1F

1

주방
전반적으로 밋밋한 실내 분위기에 블루톤 주방으로 포인트를 주었다. 오렌지색 의자가 대비를 이룬다.

거실1
너른 창을 통해 전망이 좋은 거실. 창 너머로 아이들이
노니는 공원의 모습이 한눈에 들어온다.

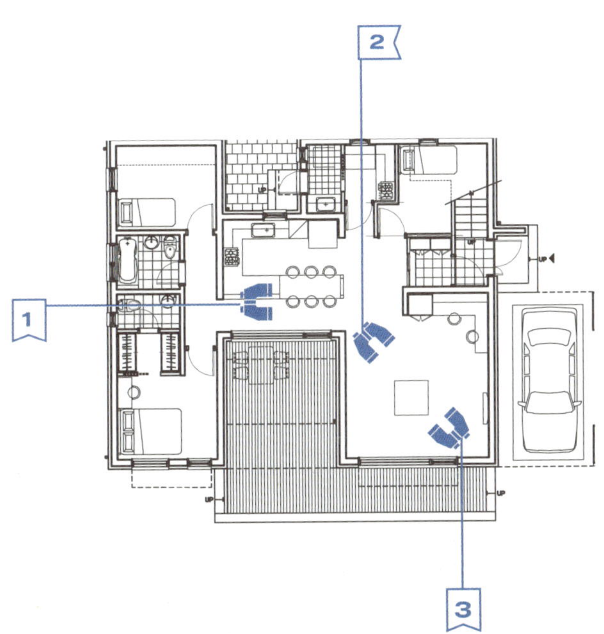

거실2
작업 공간 또는 서재로 활용할 수 있는 붙박이 가구가 있는 거실

1

거실
거실과 주방은 시원하게 트여 넓은 공간감을 갖는다.

주방
젊은 감각으로 디자인한
주방 가구와 펜던트 조명

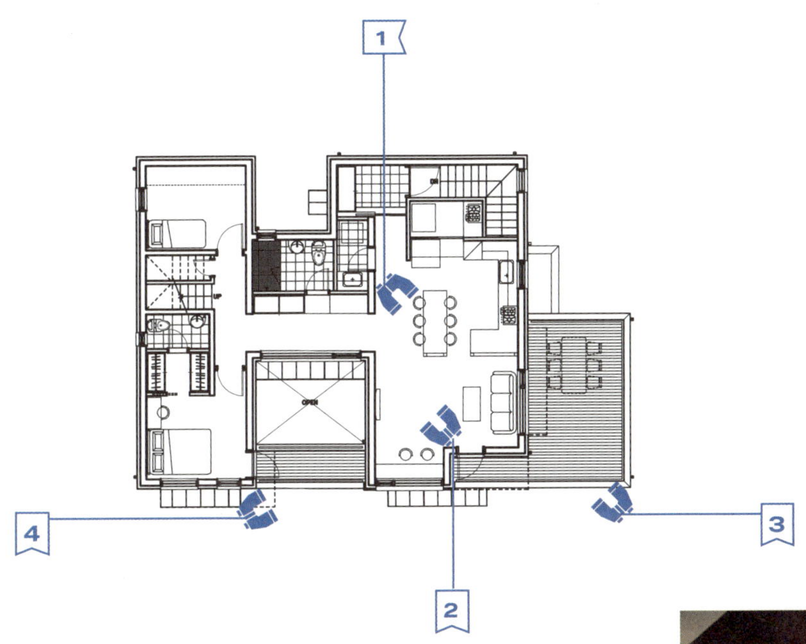

독립 테라스
1층의 마당 대신 2층의 야외 공간으로 쓸 수 있는 독립 테라스.
하부는 주차장이다.

안방 테라스
담배 한 대 피우러 나갈 수 있는
안방과 연결된 테라스

오밀조밀하게 짜인 다락방
ATTIC

계단실
다락방으로 오르는 계단실은 창으로 채광이 좋다.

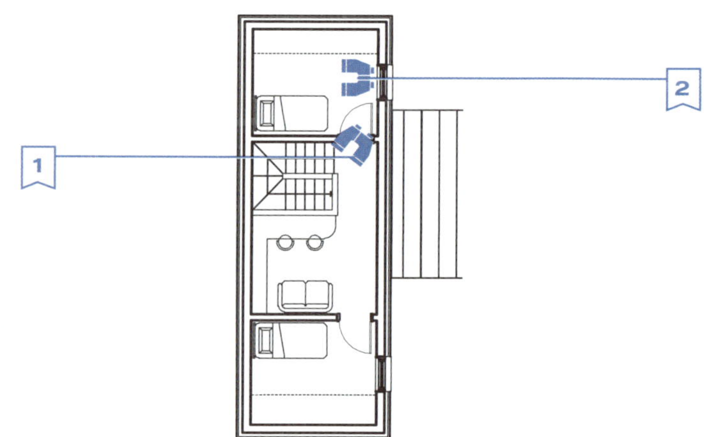

다락방
지붕의 경사면이 그대로 드러나 있는 창이 있는 다락방. 자녀들 공부방이나 놀이 공간으로 활용할 수 있다.

대지위치	경기도 하남시 덕풍동
대지면적	252.60㎡(76.41평)
건축면적	110.24㎡(33.35평)
1층 면적	102.16㎡(30.9평)
2층 면적	99.76㎡(30.18평)
연면적	201.92㎡(61.08평)
건폐율	43.64%
용적률	79.94%

구조	철근콘크리트조
디자인	홈스타일토토
시공	차동호
디자인 기간	2012.02 ~ 2012.05
시공 기간	2012.07 ~ 2012.10

외장재	테라코 수퍼화인, 점토타일
내장재	시멘트몰탈 위 벽지
지붕재	아연도 컬러강판
공법	기초 - 줄기초, 지상 - 철근콘크리트조
단열	벽 - 100㎜비드법1종단열재
	지붕 - 160㎜ 비드법2종단열재
창호재	LG(독일식시스템) + 하이샤시이중창
주차대수	자주식 3대
최고높이	10.4M

나주 혁신도시 주택

택지지구에서 미니하우스는 어떤 형태를 갖추게 될까?

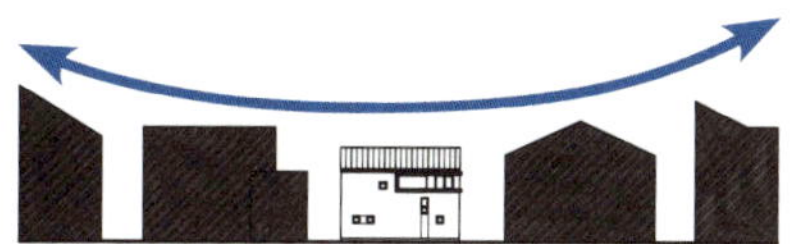

건축주 가족 구성
건축주 1인

대지면적
252.3㎡/76.32평

총면적
80.33㎡/24.3평

건축주의 개성 표출에 적합한 콤팩트 미니하우스

1. 건축허용 용적률에 꽉 채우는 기존 관행과 달리 건축주 개인의 라이프스타일에 적절한 규모로 작게 짓는다.
2. 현재의 자금 상황에 맞춰 집은 콤팩트하게 짓되, 마당은 넉넉하게 계획한다.

LG

택지지구에서의 단독주택은 많은 집들이 그래왔던 것처럼 용적률을 꽉 채워 짓느라 마당이 모자라고 각 집들 간의 여유 공간이 부족하다.
단독주택들이 모여서 오히려 집의 프라이버시를 침범 받는 결과를 낳았던 바, 최근 들어 많은 건축주들이 마당에 가중치를 두는 추세로 변하고 있다.
거기에 가족 수 1~3인의 초미니 핵가족화 시대에 맞물려 보다 실용적인 형태의 단독주택이 요구되는 시점이다.

택지지구 소형주택 디자인

예전에는 아무리 단독주택이라도 주어진 용적률을 최대한 채워서 짓는 것이 미덕이었다. 부동산이란 지어놓으면 상승하기 마련인 물건이었고, 이왕지사 큰 집이 더 큰 값어치를 했기에 그렇다. 그러나 투자 가치보다 주거 가치로 무게 중심이 바뀐 요즘 시대에는 자기 예산에 맞는 적절한 규모로 집짓기를 시도하는 이들이 늘어났다. 디자인하는 입장에서는 바람직한 변화라고 생각한다.

디자인 접근법

나주 혁신도시 주택의 경우 고려해야 할 주변 환경적 요건이 거의 없었다. 단지 작지만 동네의 아이콘이 될 수 있게 하자는 취지로 디자인을 해 나갔다. 2층은 프라이빗한 개인 생활 공간으로 하고, 1층을 거실과 주방, 평상, 작업 테이블, 게스트룸 등 유틸리티를 밀도 있게 배치해 2층과 구별되게 하였다.
아직 젊은 건축주는 예산 문제로 실내 가구 공사를 마무리하지 못했다. 최종 디자인에서 보여 준 밀도 있는 공간이 다소 원룸식의 헐거운 구조가 된 점이 아쉽다. 실내 공간은 기초만 했을 때 가장 좁아 보이고, 그 다음 벽을 세웠을 때, 그리고 마감재를 붙여나가며 점점 넓어 보이다가 마지막으로 가구와 소품이 들어서면 가장 넓어 보이는 특징이 있다.

디자인
프로세스

<u>건축주 문 선생님께</u>

임 소장입니다. 이번 주 미팅을 청하셨는데, 일정상 어려운 점 양해를 구합니다. 설 직후에 꼭 내려가 뵙도록 하지요. 저희의 작업 프로세스와 일정 관련, 그리고 건축주들께 공통으로 드리는 글이 있으니 일독을 권합니다.

1. 대지의 주소와 주변환경에 대한 설명
직접 답사하기 전에 사전 정보를 충분히 알고 준비하고 가면 좋습니다. 정화조, 상수도, 전기 인입 문제 등이 원활한지 주변환경에 대한 정보가 필요합니다. 택지지구라 그런 기반 시설이 어느 정도 되어 있는지 궁금합니다.

2. 법률적 제한 사항
택지지구라면 인허가가 다른 곳에 비해 다소 까다롭습니다. 예를 들어 지붕은 경사지붕으로 해야 한다, 각도는 1:3으로 해야 한다, 대지 경계선에서 1m 떨어져 지어야 한다 등 나름의 규약이 있습니다. 택지를 분양 받을 때, 그런 가이드라인을 전달 받으셨을 겁니다. 어차피 인허가는 현지업체를 통해 진행하겠지만, 그래도 사전 정보가 있어야 합니다.

3. 가족사항과 건축을 하게 된 스토리
매우 중요한 문제입니다. 뵙고도 말씀을 나누겠지만, 건축주와 그 가족의 욕구와 라이프스타일을 알아야 집을 디자인할 수 있습니다.

4. 시공사 선정 문제
집을 지어 줄 시공사를 물색하고 계신지요. 아니면 소개를 바라시는지요. 서울에서 나주까지 작은 집을 지으러 내려갈 분을 찾기는 쉽지가 않습니다.

위 내용에 이런저런 답변을 주시면 감사하겠습니다.
2013.2.4

<u>임 소장님께</u>

여러 번 의사소통을 해야 하겠지만 메일에 대한 답변과 두서 없는 저의 생각을 적어봅니다.

1. 가지번 상태로 주소는 아직 없습니다. 토지사용승낙을 받았고 건축은 가능하며, 확정지번은 금년 6월 받기로 예정되어 있습니다. 전기는 3월 중순경에 설치된다고 합니다. 공사 시에는 발전기를 사용해야 할 듯합니다. 다른 나머지 기반 시설은 되어 있다고 합니다. LH에서는 그렇게 여러 번 말하는데 나중에 관계 기관에 다시 확답을 받아야 할 것 같습니다.

2. 전용주거지역으로 건폐율 50%, 용적률 60%, 2층 이하입니다. 근접 대지와의 이격 거리는 지구단위계획을 확인해야 할 것 같습니다. 국토부 홈페이지에 있으니 확인 부탁드립니다. 혁신도시 내 첫 주택으로 현지업체에서도 아직 경험들이 없는 상태입니다.

3. 미래의 가족계획은 4명으로 생각하고 있습니다. 마당과 텃밭이 있는 나만의 구조를 갖고 싶습니다. 여유로운 수납과 기능실, 열린 공간과 닫힌 공간의 조화. 좁은 면적에 힘든 줄은 알고 있습니다.

4. 평소 모던하고 심플한 박스 형태의 주택을 그려왔습니다.

전문가의 설계 및 감리, 믿을만한 시공사 소개도 요청 드립니다.

다년간 호흡을 맞추신 곳이면 더 좋겠습니다.

뵙는 날짜는 소장님 스케줄에 맞추겠습니다. 홈스타일토토와

행복한 집짓기가 되었으면 좋겠습니다~~

2013.2.4

나주
혁신도시
주택의
/
메인
디자인
콘셉트

1 혁신도시 내 첫 번째 단독주택 짓기

나주주택의 대지는 전형적인 도시개발공사 분양택지였다. 어떻게 보면 주변 조건이 전혀 구축되지 않은, 제로에서 시작한 디자인이었다. 조건 자체를 스스로 만들어가며 상상력에 의존해 집을 지어야 했다.

주변에는 지어진 집이 하나도 없었고 건축주 말대로 이 집을 짓게 되면 아마도 나주 혁신도시 내 첫 단독주택이 될 것 이었다. 이런 상황은 시공자로서는 민원이 들어올 일이 거의 없으니 좋은 점도 있고, 물 한 통 사려면 한참 걸려 나가야 하는 문제 등은 단점으로 다가올 터였다. 아무튼 디자인은 시작되었고, 건축주는 예산에 맞춘 아주 작은 집을 요구했다. 참고로 보내준 사진들도 대부분 일본의 소형주택들 이미지였다.

2 작은 면적은 더욱 밀도 있게 구성해야

건축주는 면적이 작으니 각 층을 터서 원룸식 구조로 쓰자고 제안했다. 그러나 오밀조밀한 디자인으로 밀도 있게 구성하는 것이 내구 공간을 더욱 알차게 보이게 한다. 건축주를 설득해 입식 공간, 평상이 있는 좌식 공간을 섞어서 1층을 구성하고,

2층은 조망이 좋은 상태라 탁 트인 거실과 서재, 미래의 부부 침실로 계획하기로 했다.

시공과정

1. 원래 지목이 답이었던 터라 땅이 많이 질척였다. 매트 시공을 포기하고 줄기초로 선택했다. 터파기 후 버림콘크리트를 타설했다.

2. 줄기초 후 되메우기 할 흙을 구하기 어려워 그 자리에 대신 단열재를 채웠다.

3. 슬라브 양생 후 수평면을 잡는다. 장애 요인들은 그라인더로 제거한다.

4. 기초 벽면에 G.L선까지는 아스팔트 프라이머 방수액을 시공한다. 그리고 공동구로 배출되는 각종 오수관 맨홀을 매입한다.

5. 공장에서 기 재단된 스틸스터드를 이용하여 골조공사를 진행한다. 기초공사를 하는 동안 골조를 미리 제작하여 현장에 반입하면 빠르게 골조 공사를 진행시킬 수 있는 장점이 있다.

6. 개구부 헤더나 2층 바닥 조이스트 등 경량목구조와 유사한 점이 많다.

7. 천장에는 R30, 벽면에는 R19 그라스울 단열재를 충진한다.

8. 골조공사 이후로는 지붕공사나 외벽 투습방수지 시공, 창호 프레임 주변 기밀테이프 시공 등 여러가지 면에서 목구조 공사와 유사하게 진행된다.

9. 스터코, 강판, 포인트 컬러 도장으로 외관을 마감하고 외부에 난간을 설치한다.

Q 스틸하우스는 어떤 공법인가?

스틸하우스는 스틸스터드라는 경량 자재를 이용해 벽체 단위로 하중을 지지하도록 되어 있는 집이다. 스틸스터드란 1~1.6㎜ 내외 두께의 아연도금된 구조강재로 여기에 열을 가하지 않는 냉간성형 방식으로 가공, 제작된다. 스틸스터드를 이용해 지은 스틸하우스는 'Steel Framed House' 로 칭하며 미국에서 처음 시작되었다. 국내에서는 철재로 지은 집을 스틸하우스로 포장해 광고하는 곳들이 있는데, 소비자들의 주의가 요구된다.

Q 철이라는 소재에 선입견을 가진 건축주들이 있지 않나?

철은 차갑고 딱딱한 것이 사실이다. 나무처럼 친숙하지도 않고, 흙보다 부드럽지도 않다. 그러나 생각해보자. 구조재란 인체의 뼈와 같아 모든 하중을 지지하는 중요한 역할을 한다. 그래서 어떤 공법을 적용하느냐는 집짓기에서 가장 중요한 요소이고 스틸스터드는 내구성과 내진 성능이 탁월한 공법 중 하나로 인정받고 있다. 강재의 정밀성, 안전성, 정확성이 좋기 때문에 현장에서도 오차를 줄인 깔끔한 시공을 할 수 있다. 최근 스틸하우스가 목조주택에 밀려 그 수가 많이 줄었는데, 앞으로 스틸에 대한 인식이 달라져야 할 것으로 생각된다.

Q. 철의 열전도율과 단열성은 어떤가?

건축주들이 많이 하는 질문 중에 스틸은 열전도율이 높기 때문에 결로가 발생한다는 우려다. 철이 타 재료에 비해 열전도율이 높은 것은 맞는 말이다. 그렇다면 스틸로 지어진 모든 건물이 결로로 인한 피해를 입고 있는가? 그렇지는 않다. 모든 물질은 그에 합당한 물질의 전도율을 갖고 있다. 전도율은 단열을 통해서 노점이 변화하므로 그 물질의 노점을 고려해 결로가 생기지 않도록 환경을 만들어주어야 한다.
앞으로는 고단열 에너지 주택인 패시브하우스(따뜻한 지붕 + 고단열) 쪽으로 건축 방향이 바뀌어 가고 있는데, 정부에서도 에너지와 관련된 단열 기준을 더욱 강화할 것으로 보인다.
지금까지 북미식 차가운 지붕 방식으로 집을 지은 건축주들은 스틸하우스나 목조주택이 단열성능이 좋다는 것을 알고 있을 것이다. 스틸하우스는 중단열과 외단열이 들어가기 때문에 지역별 단열성능 열관류율 기준에도 합당하다.

Q. 본인이 생각하는 잘 지은 집은?

구조재가 정밀하고 대량 생산이 가능한 점, 반영구적인 수명, 재활용할 수 있다는 친환경성, 우수한 단열 성능, 우수한 내진성능 등을 들 수 있다. 여담이지만, 스틸하우스 공법은 현재 러시아에도 수출되고 있다.

글_나주주택 시공자 정성문 소장

대지위치	나주 빛가람 혁신도시
대지면적	252.3㎡(76.32평)
건축면적	49.81㎡(15.07평)
1층 면적	40㎡(12.1평)
2층 면적	40.33㎡(12.2평)
연면적	80.33㎡(24.3평)
건폐율	19.74%
용적률	31.84%
구조	경량철골구조(스틸하우스)
디자인	홈스타일토토
시공	예진스틸하우스
디자인기간	2013.03 ~ 2013.05
시공기간	2013.06 ~ 2013.07

외장재	아연도 컬러강판, 테라코 수퍼화인 플렉스
내장재	석고보드 위 규조토 마감
공법	기초 - 줄기초, 지상 - 경량철골구조
단열	벽 - R19그라스울 + 50㎜ 비드법1종단열재 지붕 - R30그라스울
창호재	앤썸(독일식시스템) 39㎜ 삼중유리
주차대수	자주식 1대
최고높이	8.1M

내벽마감	규조토 쇠흙손마감
바닥재	강마루
수전/타일/욕실기기	이누스
조명	공간조명, 룩스몰 등
계단재	홍송
현관도어	성우스타게이트
방문	예림도어
데크재	말라스

택지지구 내 단독주택은 이렇게 다르다!

기반 시설이 갖춰져 있다

정화조, 상하수도, 전기와 통신 등이 완비되어 있어서 집만 지으면 된다. 도시가스도 들어온다. 따라서 토목 비용이 추가로 거의 발생하지 않는 이점이 있다. 더구나 인접 도심과의 접근성이 좋아 도심으로 출퇴근하면서 공기 좋은 곳에서 생활하려는 사람들에게 매력적인 입지라 할 수 있다.

똑같은 단독주택을 지어도 활용도가 다양하다

단독주택을 지어서 회사에 사무실로 임대를 주기도 한다. 허용하는 가구 수에 따라 한 필지에 한 지붕 두 가구 계획도 가능하다. 택지지구 단독주택의 전세 수요는 비교적 강세인 편이고, 인근에 아파트촌이 가까운 곳은 더욱 그러하다. 드물긴 하지만, 방송촬영용 세트로 아예 임대를 주는 경우도 있다.

단독주택을 지어 1층은 어린이집으로 임대를 주고 주인은 2층이나 3층에 거주하기도 한다. 이와 같은 사례들은 단독주택을 짓고 난 후 활용도에 따라 약간의 수익까지 노릴 수 있는 장치들이다.

택지지구 단독주택의 수요는 계속해서 늘어난다

단독택지는 도시계획상 독립적으로 존재할 수는 없고 필히 학교나 관공서, 상업시설, 공동주택지역과 같이 버무려져 계획이 수립되게끔 되어 있다. 그러나 당분간의 경제상황으로는 신규 도시계획 수립이나 재개발 등의 큰 프로젝트들이 발생하기 어려운 여건이다.

게다가 이미 많은 곳에서 분양이 이루어졌고, 수요는 많으나 아파트 거래가 장기간 불황이라 주거지 이전이 원활치 않은 상황이다. 때문에 기존 집을 팔아 단독주택을 지으려던 사람들이 계획에 차질을 빚고 있다. 전국에 땅 주인은 있지만 집을 짓지 못하고 있는 택지지구 땅이 아직도 많은 실정이다.

앞으로의 관건은 너무 대도시 주변의 단독택지지구만 계획할 게 아니라 각 지역별로 실제 수요를 살펴, 기존 거주자의 이주 수요가 있을 만한 지역이나 외지인이 유입될 만한 요소를 갖춘 곳에 지자체가 기반시설을 닦아서 적절한 가격에 분양하는 것이 바람직하다고 생각된다.

단독주택을 선호하는 층이 다변화되고 있다

자녀 양육 때문에 부모와 함께 사는 2세대 주택도 이젠 패턴이 달라졌다. 아파트처럼 한 층에서 방을 나눠 쓰는 구조보다는 세대별로 층을 나눠 공간을 따로 쓸 수 있는 복층식 단독주택을 구상하는 경우가 많다. 이는 세대 간 개성 표출과 독립성 보장 때문이다.

마찬가지로 아파트에서는 누릴 수 없는 자신만의 개성을 찾아 단독주택을 선호하는 층이 많아지고 있다. 디자인을 의뢰 받을 때 '오디오 볼륨을 크게 틀고 음악 감상을 하고 싶어요' 또는 '캠핑을 이제 집 마당에서 하고 싶어요' 하는 경우들이 많아졌다.

CASE 05
남고북저(南高北低) 주택

역방향 경사지에 집짓기

경북 의성 주택
제주 유수암 주택

경북 의성 주택

남고북저(南高北低)형 역방향 경사지에 어떻게 집을 앉힐까?

가족구성
40대 부부 + 아들2 + 딸1

대지면적
560㎡ / 169.4평

총면적
110.50㎡ / 33.43평

남쪽 산세에 따라 지붕선을 만들고 조망 확보가 유리하게 터를 잡았다

1. 뒷산의 형상에 맞춰 지붕선을 디자인
2. 마당은 남쪽 마당과 북쪽 마당으로 분리

마을과 동떨어져 호젓한 자리에 위치한 대지.
다소 경사가 있고 남쪽 뒷산이 가까우며 북쪽으로 트여 있는 땅이다.
처음 땅을 대면했을 때 마치 마을을 내려다보는 전망대 같이 느껴졌다.
우뚝우뚝한 남쪽 산세가 가까워 지붕선을 그와 비슷하게 디자인했고
실내 공간은 그에 따라 입체적인 공간감이 생겨났다.
남쪽과 북쪽 조망을 전부 고려해야 하니 집의 정면성이 없어지게 되어
4면 모두 얼굴인양 신경 써야 했다.

집의 어느 방향이 정면인가?

지형대로 집을 앉히자니 남향을 등져야 하는 조건이다. 여기서는 채광과 조망을 위한 각 방향을 명확히 구분지어 가면 될 것이다. 집의 요철 구조로 인해 한 방향에서 집의 전체가 들여다보이지 않아 프라이버시는 자연스럽게 보장된다. 다만 산세에 거스르지 않는 지붕선으로 전체 풍경에 자연스럽게 녹아 들었으면 하는 바람이었다.

디자인 접근법

건축주가 요구한 공간들을 모두 담자면 꽤나 면적이 커져야 할 상황이었다. 따라서 우리는 용도별로 공간을 구별하고 실질적으로 이용도가 높은 공간에 가중치를 두는 방법을 택했다. 아예 드레스룸 같은 창고방과 홈시어터 공간 등은 따로 두고, 가족이 주로 머물게 될 중심 공간을 북카페와 주방으로 설정하였다. 경사진 조건상 종방향보다는 횡방향으로 길어지는 평면 조건은 집의 세로 깊이를 줄어들게 해 집 구석구석에 채광이 잘 되게 하는 이점이 있었다.
지붕선을 리듬감 있게 하고 경사도를 잘 살려 실내는 입체감 있게 진행해 나갔다.
결국 의성주택은 열교환기, 구들방 등의 설비적인 요소와 경사지의 지형적 요소, 지붕선의 입체적인 요소 등이 어우러져 기능적으로나 디자인적으로 다양한 모습으로 빚어지게 되었다.

디자인
프로세스

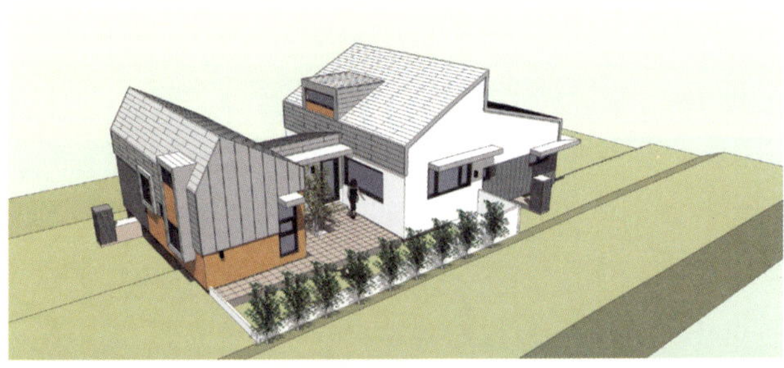

건축주 곽 선생님께

일단 궁금한 것을 말씀 드릴게요. 현재 구옥에서 살고 계시다고 하셨는데, 위성사진으로는 나대지로 나오네요. 또 한 가지는 대지 좌측길에 주요도로가 있는데 지목이 천입니다.
즉 하천이란 이야기인데, 해당 부서에서 뭐라고 이야기를 하는지 모르겠습니다.
원칙적으로 '도로에 접한 땅' 이라야 건축이 가능하고 도로가 아니라 전답이면 사용 승낙서가 있거나 아예 그 땅도 소유하고 있어야 합니다. 지역 토목측량사무실, 관청의 해당부서(농지과)에 의견을 물어 확실히 알아보셔야 할 것 같습니다.
사소한 이유들로 건축이 안 되는 케이스들이 있어 꼭 필요한 확인 절차입니다. 물론 땅에 대해서는 소유주가 저보다 훨씬 잘 아시겠지만, 저희는 그간의 경험이 있기 때문에 객관적인 입장에서 궁금증을 말씀 드린 것입니다.
2012.10.14

임 소장님께

진입도로는 문제가 없습니다. 3m 넓이의 도로가 새로 정비되었고, 물론 정식도로로 인정받은 것입니다. 바로 인근에 최근 주택이 신축되었고 준공허가도 떨어진 바 있습니다. 지금 저희는 옆동네 구옥에서 지내며 집 지을 땅에는 현재 아무것도 없는 상태입니다. 지역 건축사무소에 한 번 더 확인 차 물으니, 건축에는 문제가 없다고 합니다.
2012.10.15

곽 선생님께

명쾌한 답신으로 의문이 풀렸습니다. 개설된 도로가 아직 온라인 지적 반영이 안 되어 있고, 지역 인허가 사무실은 그 정보를 알고 있는 것이군요. 정식 지목이 도로인 것이 파란 라인으로 신설되었다면 건축은 100% 가능합니다. 어떻게 보면 맹지였을텐데, 도로가 개설될 것을 알고 계셨는지 선견지명이 있으셨나 봅니다.
주말이 끝나가는군요. 나머지 항목에 대한 답신은 곧바로 또 드리겠습니다.
2012.10.16

임 소장님께

작은 일본 주택들이 너무 와 닿았습니다. 요사이 일본의 내추럴 주택들을 많이 찾아보고 있는데, 홈페이지에 관련된 안내의 글을 올려두셨길래 감사해하며 참고하고 있습니다.
이번에는 집에 대한 몇 가지 세부사항들을 적어 드립니다.

1. 원하는 스타일 : 소박하고 단순하면서 편안하고 실용적인 집으로 외부는 모던한 목조주택입니다.

2. 규모 : 제일 힘든 고민인데, 큰 집을 원하지는 않아요.대신 작은 집이라도 저희가 원하는 공간이 다 반영되었으면 합니다. 30평 내외로 구성하고 있습니다.

3. 가족구성원 맞벌이하는 부부, 기숙사에서 생활하는 고등학생(남), 집에 있는 중학생(남), 유치원 다니는 막내(여), 이렇게 다섯 명입니다. 기숙사에서 생활하는 첫째는 방학 때 외에는 거의 집에

못 오고, 지금 집에서 지내는 둘째도 내년에는 형과 같은 기숙사 학교에 보낼 계획입니다.
둘 다 대학생이 되면 또 집을 나가서 있을 텐데, 이 문제로 방 개수를 어떻게 해야 할지 고민사항입니다.

4. 대지 조건 : 400평 정도로 직사각형의 약간 경사진 밭입니다. 전망은 서쪽, 북쪽이고 뒤로는 산이 있는 정북향입니다. 그래도 꽉 막힌 것은 아니라 낮에 어느 정도 빛이 들어옵니다.

5. 생각하는 집 : 단층이면서 다락방이 있는 집, 거실과 부엌이 주생활공간이 될테니, 그 쪽에 투자를 많이 하고 싶습니다.
거실은 가족 공부방, 도서관, 응접실, 차실 등 다양한 용도로 쓰는 북카페 같은 분위기면 좋겠습니다.
부부 방은 그냥 침대 없이 잠만 자는 공간으로 수납은 붙박이장이나 드레스룸으로 해결하고 가구는 최소한으로 두고 싶네요.

지금까지 정리해 본 저희 가족의 생각입니다. 앞으로도 정리해 볼 것들이 많지만, 처음 해 보는 작업이라 잘 하고 있는지 모르겠습니다. 좋은 날 보내시고, 답변 기다리겠습니다.
2012.10.19

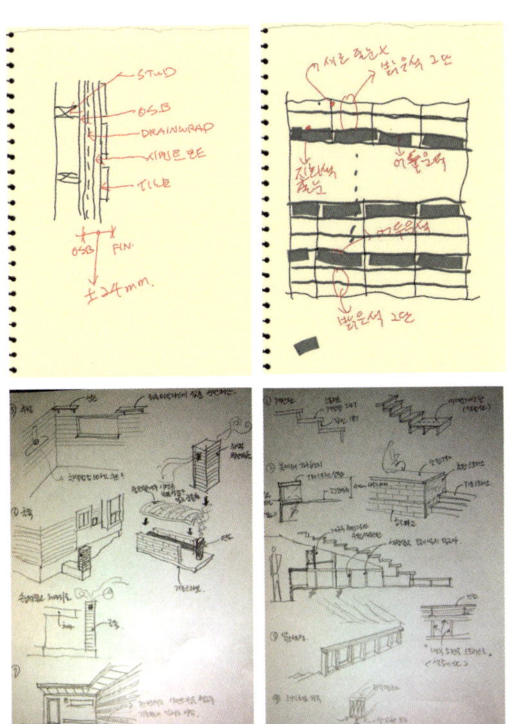

인터넷과 스마트폰의 발달로 현장과의 의사 소통이 한결 쉬워지고 있다.

경북
의성
주택의
/
메인
디자인
콘셉트

1 사면이 다른 얼굴을 한 집

대지는 의성의 금성산을 중심으로 야트막한 산들에 둘러싸인, 주변이 대부분 과수농가인 곳에 놓여 있다. 대지 경사가 꽤 있어서 경사를 어떤 식으로든 계획에 반영해야 할 상황이었다. 그리고 사면이 트여 있어서 도심에서처럼 딱히 건물의 얼굴이 정해진 상황도 아니었다. 결국 집 사면에 각각의 표정을 심어주기로 하였다. 또한, 높지는 않아도 이 땅을 둘러싸고 있는 산세가 있어서 그 흐름에 맞춘 지붕선을 구상했다.

높은 산 가까이에는 낮은 지붕의 집을 짓는 법이 아니라는 옛 이야기를 떠올리며 말이다. 건축주가 원하는 향을 따라 집을 앉히고 그에 따른 조망 상황에 맞추어 창을 내었다. 채광은 금성산이 있는 남쪽에서 들어오는데 산이 가깝지만 채광량에 문제는 없었다. 천창이나 고측창도 고려를 하였으나 지붕선이 복잡한 상황에서 천창까지 계획할 경우 하자요인이 많아질

수 있어 제외하였다.

2 실제 면적보다 커 보이는 집

이 집도 밖에서 보았을 때 전체 면적대비 규모가 커 보이는 집이다. 표면적이 넓은 디자인은 그로 인해 공사비는 늘어날 수 있지만, 내부 공간이 입체적인 볼륨감을 가질 수 있다. 리듬감 있는 지붕선 내부에는 열회수환기장치

배관이 들어가 있고, 각 방에는 오픈된 다락 공간을 만들 수 있어서 수납에도 이점이 있다. 중심 공간인 거실과 주방에 다락과 합쳐진 높다란 천장고를 줌으로써 오밀조밀한 집의 구성 속에서 탁 트인 공간감을 제공하기도 한다.

3 현대식 목조주택에 설치된 2개의 구들

이 집의 특성 중의 하나는 현대식 주택이면서도 구들이 있다는 점이다. 건축주는 특별히 2개의 구들을 요청했다. 목조주택이라 구들을 놓는 것이 염려되긴 했지만, 열원에서 목구조체를 이격하고 보호하여 문제점을 극복했고, 아궁이는 경사지로 기초벽이 드러나는 부분에 설치해 구들 공간을 확보하였다.

4 용도별, 기능별로 다른 두 개의 마당

경사진 대지라 마당의 한쪽은 포기할 생각이었으나 채광이 좋은 남측은 남측대로, 조망이 좋은 북측대로 장점이 있었기 때문에 각각의 기능을 부여하여 2개의 마당을 구성하게 되었다. 남측 마당은 프라이버시가 보장되는 막힌 마당이면서 금성산 쪽으로 남측

채광을 받는 마당이다. 실내에서 쉽게 드나들 수 있게 해 생활 속 활용도를 높였다.

북측 마당은 문득 밖에 나가 식사하고 싶을 때, 간단히 나가서 원경을 바라보며 다과를 할 수 있는 공간으로 상상하며 디자인하였다.

시공과정

1. 절개지이긴 하나 공룡발자국화석이 발견되는 등 일대가 중생대 습지다. 비가 오면 질척거리는 토질이라서 도면보다 더욱 넓고 깊게 기초를 처리하기로 했다.

2. 지면과 기초면이 닿는 면적을 최대화하여 기초를 생성하였다. 기초벽체 단열재를 되메우기 안쪽에 붙이고 흙되메우기를 하였다. 주변에서 흙이 모자란 상황이었다.

3. 안방과 손님방은 구들과 온수바닥난방을 복합시공하기로 했다. 목조 외벽이 화기에 닿지 않도록 주의를 요했다.

4. 목골조 공사가 이루어졌다.

5. 창호 주변에 기밀 테이프를 시공하고 외단열 공사 전 레인스크린도 시공되었다. 창문 상단의 처마는 철물로 제작했다.

6. 이웃에 구들을 잘 쌓는 분을 초빙해 구들 공사를 했다.

7. 바닥난방 미장공사를 하는 날은 아주 습하고 더웠다.

8. 외벽에 외단열과 점토타일을 붙이기 위해 CRC 보드를 둘렀다.

9. 지붕 강판이 완료되었다.

10. 점토타일을 시공하고 외부 도장을 마무리했다.

경사지를 내부 공간에 활용하는 차원에서 거실과 주방에 단차가 있다. 그리고 뒷산에 대응하는 지붕선을 가짐에 따라 다락이 딸린 열린 천장이 만들어지게 되었다. 내부를 입체적이고 흥미롭게 만드는 일등공신이다.

1

북측면
외관상 정면은 북측에서 이 집을 바라보게 되는 모습이지만, 의성주택은 사방에서 들여다보이는 특성상 4면 모두 정면인 것처럼 디자인하였다.

현관
또 다른 정면. 걸어 들어오게 되면 만나게 되는 현관이다.

남측면
구들이 있는 손님방이라 아궁이와 굴뚝이 함께 보인다.

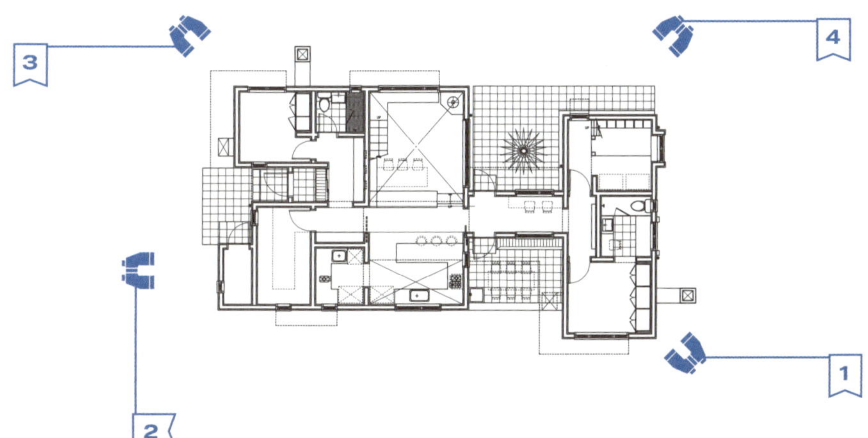

서측면
딸 아이방은 외관으로 보았을 때 조형미와 컬러 포인트를 주어 저 방은 누구 방인가 하는 호기심이 들게 하였다.

메인 침실과 자녀방 1F

<u>딸 아이 방</u>
방 자체가 놀이 공간이 될 수 있도록 입체적으로 구성했다. 평상 겸 침대, 책장과 계단을 일체형으로 제작하고 컬러와 조명으로 재미를 더했다.

1

안방 화장실
건식과 습식이 혼재된 안방 화장실.
세면 도기는 아직 설치 전이다.

홀
안방과 자녀방을 잇는 복도는 사진 등을
전시하도록 갤러리 선반을 부착했다.

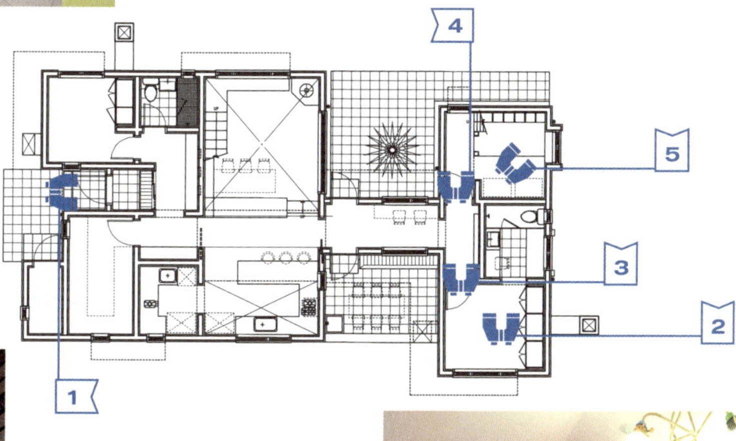

현관 내부
외부 마감재를 현관 내부에 적용해 연장된 느낌을 노렸다.
툇마루를 두어 앉아서 신을 신고 벗을 수 있다.

다락
마음대로 어지럽히고 놀아도 아래층에서는 잘 보이지 않는
딸아이의 놀이터다.

북카페 같은 공용 공간 1F

스킵 플로어

경사진 지형에 힌트를 얻은 단차가 있는 북카페. TV는 다락으로 올려서 배치하고 거실은 벽난로와 함께하는 아늑한 공간으로 만들었다. 좌식이든 입식이든 어떤 방식으로 사용해도 무리가 없다. 주방-다락-북카페로 이어지는 이 공간은 벽난로와 열회수환기장치가 난방과 공조에 도움을 준다.

전망창
거실에서는 시원한 채광창을 통해 마당을 내다볼 수 있고 딸아이방이 눈부시게 하는 서향빛을 막아준다.

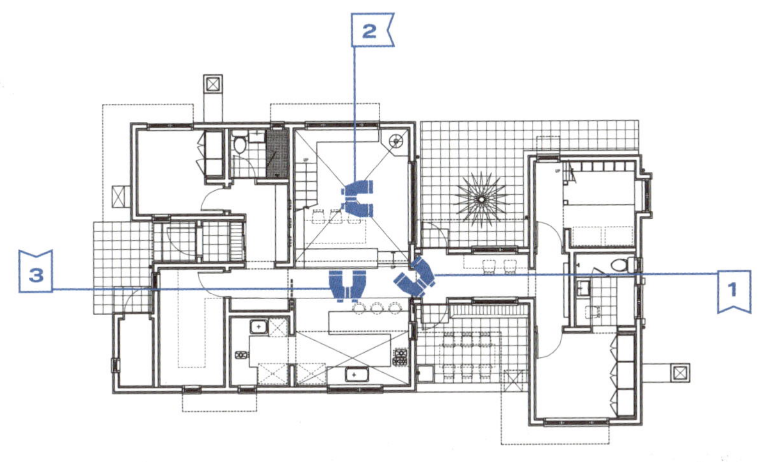

북카페
다락방으로 뛰어오르고 싶은 마음이 들도록 입체적으로 구성된 거실 겸 북카페

1

주방
북측 조망이 시원하고 층고가 높아 쾌적한 분위기의 주방. 북카페로 시선이 연결된다.

벽난로

바라보는 시선에 따라 거실이 '서까래-고벽돌-벽난로'로 이어진다. 이 집의 거실은 다락과 주방을 오가는 확실한 동선의 중심이 되는 곳이다.

북측 마당

주방에서 나올 수 있는 북측 조망 마당. 멀리 마당 원경이 보인다.

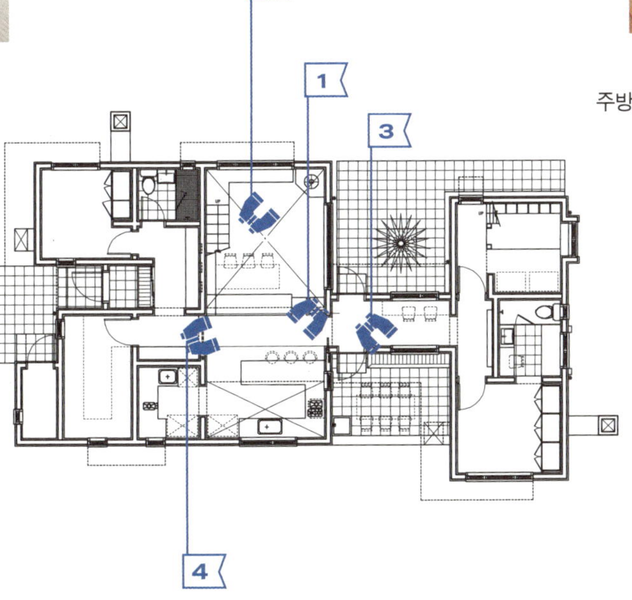

다락공간

한쪽은 주방, 한쪽은 북카페로 트여 있는 다락 공간이다.

대지위치	경북 의성군
건축규모	지상 1층 + 다락
대지면적	560㎡(169.4평)
건축면적	112.67㎡(34.08평)
1층 면적	110.50㎡(33.43평)
다락 면적	21.29㎡(6.44평)
연면적	110.50㎡(33.43평)
건폐율	20.12%
용적률	19.73%
구조	경량목구조
디자인	홈스타일토토
시공	JCON
디자인 기간	2012.11 ~ 2013.1
시공 기간	2013.4 ~ 2013.4

외장재	점토타일, 테라코 수퍼화인 플렉스
내장재	석고보드 위 도장
지붕재	아연도컬러강판
공법	기초-줄기초, 지상-경량목구조
단열	벽 - R19그라스울 + 30㎜ 비드법1종단열재 지붕 - 185㎜ 연질수성폼
창호재	삼익스윙창호(독일식시스템)
최고높이	6.2M

내벽마감	삼화 친환경페인트
바닥재	LG강마루 수전/타일
욕실기기	대림, 이누스, 루코세라믹
주방가구	사제 제작
조명	공간조명, 메가룩스 등
계단재	스프러스 집성목
현관도어	성우 스타게이트
방문	인테리어필름 마감도어
붙박이장	사제 제작

정말 작은 집을 원하는 거 맞아요?

"1억원에 집을 지을 수 있다면서요."
"정말 10평대로도 쓸만한 집이 지어지나요?"
"지을 수 있습니다. 그것도 예쁘게."

막상 예상되는 공간 구성과 건축비를 설명하면 전화기 너머의 목소리는 급격히 실망하는 목소리로 바뀐다. 이래서 전화 상담의 한계를 느낀다. 전화기 너머의 예비 건축주들은 대부분 요약된 답을 원한다.
'평당 600만원이면 비싸고, 평당 300만원이면 싸다' 는 반응이다.

예산에 맞춘 집을 스스로 파악하기

집의 면적이 크다, 작다는 것은 지극하게 상대적인 개념이다. 15평 아파트에 살던 사람은 30평 주택이 대궐처럼 느껴지고, 50평 아파트에 살던 사람에게 20평 집은 갑갑해서 살 수 없다. 현재 자신이 살고 있는 공간을 잘 되짚어보고 여기서 더 줄일 수 있는지, 생략해도 되는 공간이 있는지 파악한다.
그리고 자신이 가진 예산을 정확히 바라봐야 한다. 건축비에 예산 전부를 투자하면 완공 후 여러 문제가 따른다. 조경을 할 여유가 안 되어 너른 땅에 집만 덩그러니 있는 경우, 가구 집기와 소품 등을 구입하지 못하는 경우도 있다.

평당 공사비에 대한 생각

가격은 공급받는 재화의 가치에 비례하는 것이다. 고로 두 가지의 내용물이 같을 리 없다. 1억을 투입해서 집을 짓거나 10평대로 집을 짓는 것은 소비자의 선택이지 공급자의 강요가 아니니다. 우리나라는 아직도 '작으면 보잘 것 없고 크면 좋은 거' 라는 공식이 확고히 자리잡고 있어서 자동차도 '골프' 나 '프리우스' 같이체급과무관한좋은제품이나오기 힘든 시장이다.

건축주들은 1억원에 사치를 누리려 했을까?

10평대 건물에 방은 4개, 화장실은 2개가 존재하리라 여겼을까? 내가 모르는 영역에 대한 변별력을 높이려면 끊임없는 관심 외에는 방법이 없는 듯하다. 인터넷이나 책이 아닌 현실 속에서 말이다.

어떤 집을 보았을 때 '이 집이 얼마에 지어졌을까' 하는 질문은 지극히 자연스러운 궁금증이다. 앞서 말했듯 건축비는 그 집을 짓는 시공자의 입장에 따라 그 비용에 변동이 있을 수 있으며, 같은 집도 어디에 지어졌느냐에 따라 비용 소요가 달라질 수 있다.

직영 공사를 할 수 있는 조건

건축주가 진정한 의미에서의 직영공사를 하려면 다음과 같은 요건을 갖추는 것이 좋다.

- ✓ 공사를 진행하는 동안 시간 여유가 충분하다.
- ✓ 자재 물가정보를 정확히 꿰뚫고 있다(인터넷으로 검색한 정보는 제외).
- ✓ 본인 스스로가 집짓기 전반에 대해 전문가적인 식견이 있어야 한다.
- ✓ 중간중간의 결과에 대한 책임은 자신이 져야 한다.
- ✓ 일정이나 자금에 대한 조절능력이 있어야 한다. 그렇지 않으면 좋지 않은 결과에 비용마저 낭비될 수 있다.

집짓기는 공산품을 구입하는 것과 달라서 매과정이 선택의 연속이고 많은 신경이 쓰인다. 그래서 건축주들은 그 첫 단추를 어떻게 끼워야 할지 난감해 한다. 집짓기를 계획하는 이들은 다양하지만, 가만히 들여다보면 대부분 '새집' 을 지렛대 삼아 인생 2막을 준비하는 이들이 많다. 그 시작을 하는 집짓기가 건축주를 지치게 해서는 안 된다. 집짓기가 끝나고 허탈감과 상실감에 젖기보다는 행복감을 만끽해야 한다. 직영이든 아니든, 건축 과정에서 지나치게 에너지를 탕진해서는 안 된다는 말이다.

제주 유수암 주택

북쪽을 바라보면서 남향 볕을 잘 받으려면 어찌해야 할까?

건축주 가족 구성
50대 부부

대지면적
991.74㎡ / 300.4평

총면적
94.18㎡ / 28.49평

들여다 보는 것을 피하면서 조망감을 확보하려면
어느 곳을 닫고 어느 곳을 열 것인가 결정해야 한다.

1. 집의 겉보기 형태는 밖에서 내부가 쉽게 들여다보이지 않게 디자인

2. 남향으로는 큰 메인창을 열어두고, 전망이 좋은 쪽은 창의 위치를 적절히 잡아 배치

조망이 우선인가 채광이 우선인가? 제주도라는 천혜의 자연 환경은 전망을 한라산 쪽으로 둘지, 바다 쪽으로 둘지 행복한 고민에 빠지게 하는 입지임에는 틀림 없다.
제주 유수암 주택은 관점을 조금 달리하여 바다 조망은 2층 서재와 1층 안방 정도로 국한시키고 가운데 마당을 프라이버시가 보호받을 수 있도록 조성하고자 했다. 아울러 한라산 쪽 남측면에서는 최대한 채광을 많이 받아들이도록 계획했다.

디자인 접근법

건축주의 요구조건은 '최대한 작은 집' 이었다. 물론 이견도 있어서 집을 마냥 작게만 계획할 수는 없었지만 최대한 면적상의 군더더기를 덜면서 꿈꾸던 공간은 꼭 실현하는 방향으로 계획하였다. 이 집을 디자인하며 남에게 보여주기 위한 집과 자기 만족을 위해 짓는 집의 차이를 여실히 깨달았다. 집은 어떤 생각으로 접근해 짓느냐에 따라 결과물이 달라질 수밖에 없다.
초기 그려진 초안과 최종 디자인 안이 거의 차이가 없이 진행되었다. 그만큼 건축주는 작은 집에 대한 확신을 갖고 있었고, 우리를 믿어주었다. 집은 이로써 형상 자체로 한라산 중턱의 오름을 닮아 자리하게 되었다.

디자인 프로세스

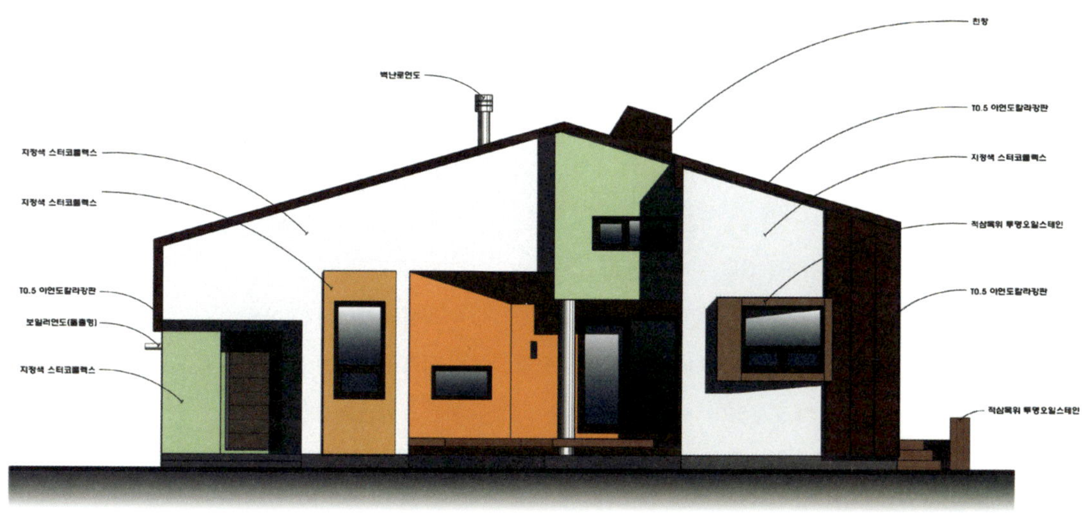
벽난로연도
지정색 스터코플렉스
지정색 스터코플렉스
T0.5 아연도칼라강판
보일러연도(돌출형)
지정색 스터코플렉스
천창
T0.5 아연도칼라강판
지정색 스터코플렉스
적삼목위 투명오일스테인
T0.5 아연도칼라강판
적삼목위 투명오일스테인

임 소장님께

건축 설계와 관련하여 문의 드립니다. 아래와 같이 정리해 보았습니다.

1. 토지 요건

제주특별자치도 제주시 애월읍 유수암리

산지 전용 가능한 지역(확인했음). 남북으로 길쭉한 직사각형 형태의 매우 완만한 경사지(남-한라산, 북-멀리 바다가 보임). 전기와 수도는 이미 가까운 곳에 들어와 있음. 신제주 도심까지 승용차로 20분 거리.

2. 건물의 규모

현재 예상으로는 20평, 설계상 불가피하면 1~2평 늘어날 수 있음.

3. 거주 목적

5년 정도는 주말주택으로 사용할 예정. 퇴직 후에는 부부가 상시 거주용으로 이용할 생각임.

4. 건축주가 바라는 집

마음 편하게 음악을 감상하거나 책을 읽을 수 있는 공간 (오디오 감상-전기 배선의 굵기, 직사각형 공간, 나무 내장재). 집은 작지만 넉넉한 정원과 건물이 멋진 조화를 이룰 수 있었으면. 작은 공연을 할 수 있을 정도의 데크가 있어서 미니 무대로 쓸 수 있었으면. 차 한 잔 마시면서 삶의 여유를 느낄 수 있는 공간(카페 분위기), 단열 시공에 신경을 쓰고 구들방이 있어서 따뜻하고 포근한 느낌을 주는 집(부부가 추위를 잘 탐, 토지 소재지가 눈이 많이 오는 한라산 중산간 지대임). 지붕창이 있는 멋진 다락방(제주도 중문 별장 스타일) 아내가 맘에 쏙 들어 할 주방(아일랜드형)과 욕실(매립형 나무 반신욕조, 적삼목), 돈이 좀 들어도 고급형으로, 김치 냉장고를 배치할 공간이 있어야 한대요.

5. 실내 인테리어

책과 음반 수납 (인테리어 효과) / 벽난로 / 나무 내장재 / 김치 냉장고 / 손빨래 싱크대 (다용도실) / 다양한 수납 공간-특히 현관 부분

6. 건물의 외관 및 구조, 자재

1) 다락이 있는 단층집

2) 침실은 침대 하나 들어갈 정도, 클 필요 없음

3) 거실과 주방은 하나로 이어지되 어느 정도 공간 구분이 되면 좋겠음

4) 전체적인 외관 디자인은 소박하지만 부분적으로 약간의 변화를 느낄 수 있을 정도

5) 독일식 시스템 창호

6) 처마나 어닝

7) 지붕의 채광창 (직사광선 ×)

8) 잡지에 나오는 집처럼 엄청 큰 창은 원하지 않음(작은 창이라도 예쁜 조망이 가능할까?)

9) 징크, 파벽돌, 나무를 이용해서 지은 집이 좋아 보이는데, 아직 고민 중.

10) 눈과 비가 많이 오는 지역이라 이를 설계에 충분히 고려해야 함

11) 데크와 주방이 연결되어 있으면 좋겠음

7. 기타

1) 현재 땅 모양으로 봐서는 정북향의 집을 지어야 할 것 같은데 고민임

2) 우수 공사-이웃집과 마당에 물이 고이지 않도록

8. 기타

1) 건축 디자인만 납품을 원함. 세부 견적이 가능한 설계도여야 함.

2) 시공은 제주도 지역 시공업체 중에서 건축주가 선정할 계획임.

3) 입주 예정일 : 2013년 1월 초순, 일정이 좋지 않으면 시공 시기를 내년 3월로 연기할 수도 있음. 시간은 넉넉하므로 급할 필요 없음.

2012.7.16

건축주 분께

보내주신 사진 잘 보았습니다. 위성사진과 함께 보니 이해가 더 빠르군요. 주변이 반듯하니 깔끔해서 좋습니다. 혹시 주변 도로가 사도가 아닌가 싶기도 합니다. 미팅 때 대지주변 상황에 대한 것은 많은 이야기를 주십시오. 주변에 드문드문 집이 있다는 것은 좋은 것입니다. 아무것도 없다면 전기, 수도, 도로, 인터넷 등 전부가 문제되는 일입니다. 위성 사진으로는 무덤이 보이긴 하는데, 선생님 대지와는 무관해 보입니다.

이웃에 누가 사는지 모르오나 좋은 관계가 되시면 좋겠습니다.

2012.7.22

제주
유수암
주택의
/
메인
디자인
콘셉트

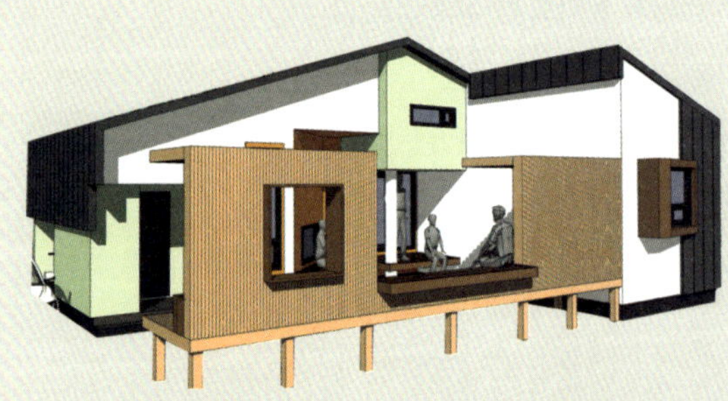

1 천혜의 자연 환경, 그 속에서 누리는 프라이버시

대지는 앞서 의성과 유사한 조건이었다. 남쪽이 한라산쪽의 구릉, 북쪽이 바다가 멀리 보이는 조망권. 사실 이런 상황은 조건이라는 말을 붙일 것도 없는, 내 집이 관광지 그 자체인 상황이었다. 개인적으로는 건축주를 부러워하는 마음 한가득으로 디자인에 임했다. 의성주택과 같이 대지경사가 급하지는 않았고 주택 규모도 훨씬 작은 기준으로 시작하였으므로 경사지는 크게 의식할 조건은 아니었다. 다만 채광방향과 조망방향이 다르므로 내부공간 배분과 적절한 채광창의 배치가 관건이었으며 여느 집과 마찬가지로 유수암 주택 또한 거주자의 프라이버시 보호가 필요한 대지조건이었다. 대지면적이 꽤 되기는 하였으나 누군가 주변을 걸어가다 보면 집 내부가 쉬이 들여다 보일 조건이었기에 그와 같은 사항도 염두하고 디자인하였다.

2 나만의 공간이 있는 집

건축주의 요구대로 일반적인 거실구조를 중심으로 한 집보다는 '숨어서 책을 볼 수 있는 공간'이라는 타이틀로 구석구석에 아기자기한 공간을 배치하는 것을 주안점으로 삼았다. 그와 함께 외부 시선을 감안해 집을 'ㄱ'자로 놓고 나머지 코너 부분에는 울타리 기능을 겸한 데크를 디자인해 본채와 어우러지는 외부 툇마루를 계획했다.
핵심 조망인 북측 바다 조망은 2층 서재에서 가장 좋은 위치로 확보해 건축주에게 멋지고 낭만적인 서재를 선물할 수 있었다.

3 '작은 제주'를 담은 집

집의 외형은 전체적으로 한라산 능선의 완만한 형태로 산의 모습을 본뜨고, 천창과 벽난로 굴뚝의 돌출된 부분들이 오름처럼 느껴질 수 있도록 다듬었다. 다락은 동굴, 사다리는 폭포, 툇마루는 바닷가, 이런 식으로 중얼거리며 집 한 채를 '작은 제주'라 상상하며 디자인했다.

시공과정

1. 비용 절감 차원에서 매트기초로 바꿔 시공하려다가 토질이 무른 관계로 원래 설계대로 줄기초 방식을 택했다.

2. 1층 슬래브 타설. 이맘때 제주 날씨가 맑았던 기억이 별로 없다.

3. 목골조의 공사를 시작했다. 골조팀은 시공사의 직영팀이라 그런지, 굉장히 빠르게 골조 공사가 진행되었다.

4. 외벽 OSB합판과 지붕 방수시트 시공 완료

5. 시공사가 제주의 풍압과 습도 때문에 외단열 공사에 난색을 표하여 레인스크린을 하고 CRC보드를 설치한 후, 스터코를 바르기로 했다.

6. 외관이 형상을 드러내고 있다. 스터코면에는 CRC보드를, 지붕과 입면 일부에는 컬러강판을 시공했다.

7. 내부 공틀, 가구, 천장 패턴 부위에 자작나무를 사용해 모던하면서 따뜻한 느낌을 주고자 했다.

8. 외벽은 스터코를 마감한 후 포인트 컬러로 도포했다.

9. 포켓도어와 계단판도 자작나무 합판으로 시공했다.

10. 자작나무, 도배지, 고벽돌 타일 등으로 전체적인 실내 분위기가 세팅되어가는 모습이다. 다락에 올라가 보는 건축주 모습.

아무리 작은 창호라 할지라도 공틀을 설치하기 전, 기밀테이프와 전용 폼을 시공하여 기밀성에 만전을 기하였다.

EXTERIOR
DESIGN

1

진입부
실내에서 밖을 내다볼 때 시선이 지나치게 차단된다고 생각한 건축주는 데크 울타리를 일부 삭제하거나 낮추도록 요청했다. 원안에서 높이를 조금만 낮추는 정도로 절충했으면 하는 아쉬움이 있다.

지붕선
사람의 눈높이로 보았을 때
지붕선이 리듬감이 있어야 생동감을 준다.

1
3
2

데크 전경
울타리가 더 우측으로 연장되어 시공되었다면
주변 시선 차단에 더 효과적이었을 듯 싶다. 그러나
도심이 아닌 제주라 이러한
개방적인 울타리가 적절할 수 있다.

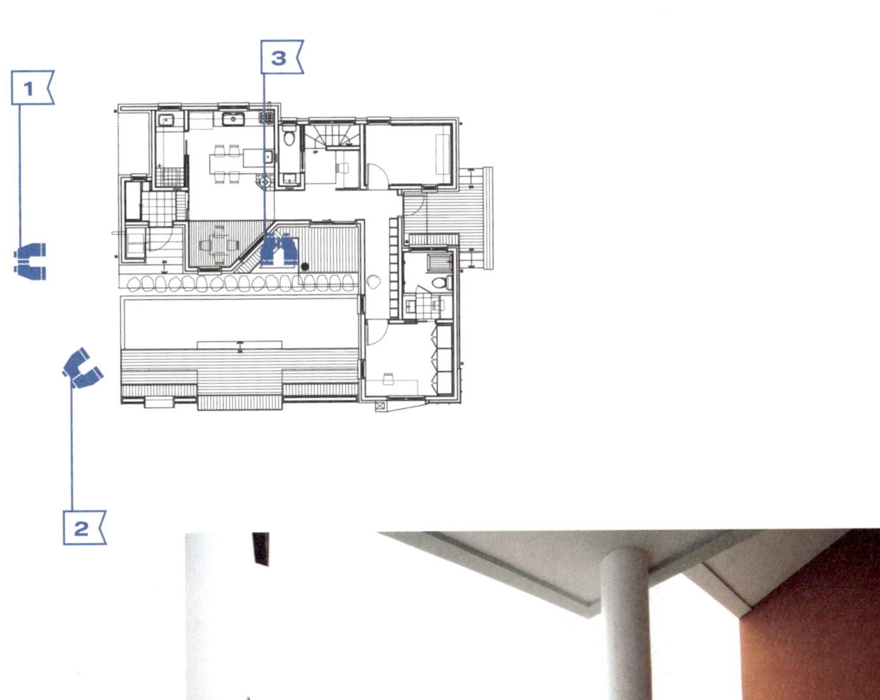

열린 공간,
응접실과 주방
1F

1

<u>응접실</u>
주방 맞은편 응접실은 좌식 평상으로 구성했다. 하부는 수납이 가능하다.

다락
주방에서 트인 천장으로 시선이 모이는 곳에 2층 갤러리창과 다락 입구가 있다.

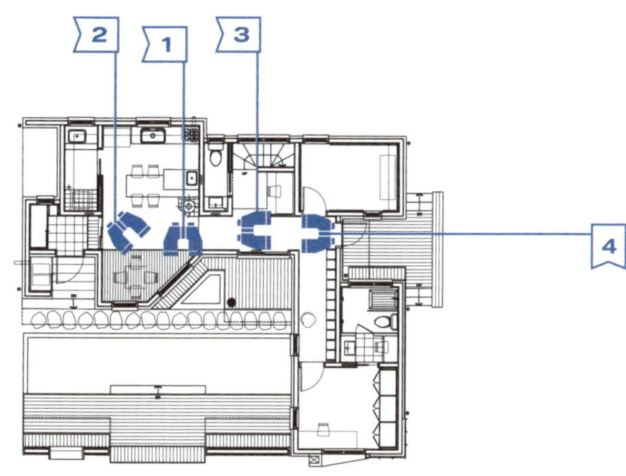

복도
손님맞이 공간과 사적 공간이 좁은 복도를 시이에 두고 분리되어 있다.

메인 공간
2층 갤러리창을 통해 내려다 본 응접실 주방의 모습

사적 공간,
침실과 서재
1F

1

부부 침실

천장과 실내 도어를 목재로 제작하여 따사로운 방이 되었다. 앤틱 서랍장도 운치를 뽐내며 자리잡고 있고 창 너머로 보이는 데크 위 도자 작품까지 시선을 즐겁게 한다.

복도 서가
건축주가 나만의 시간을 보내는 복도를 이용한 서재. 작은 책상 앞으로 창이 나 있다.

복도
수직수평 자작나무살들이 역동적인 느낌을 준다.

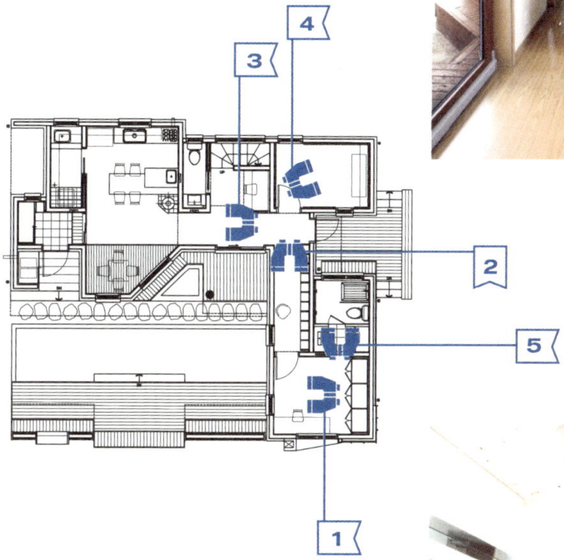

음악감상실
볼륨을 마음대로 키운 채 음악감상을 하고 싶어한 건축주의 바람이 묻어나는 공간이다. 편백나무 루버로 마감해 은은한 향이 감돈다.

욕실
안방에 딸린 건식 세면 공간과 습식 샤워실

건축주 메인 아지트 **2F**

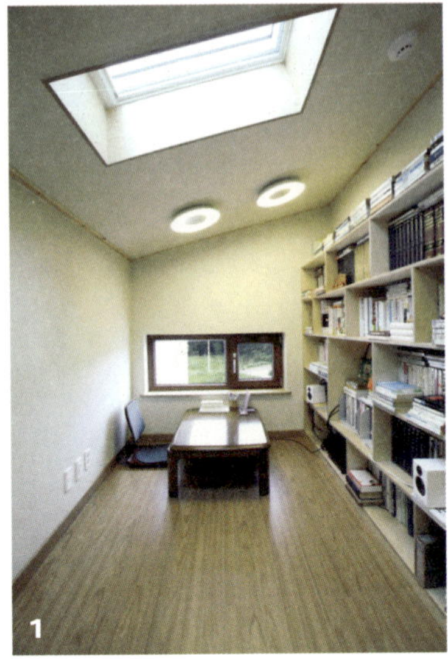

서재

건축주의 메인 아지트 공간인 2층 서재. 천창과 바다 조망 창이 있는 스카이라운지다.

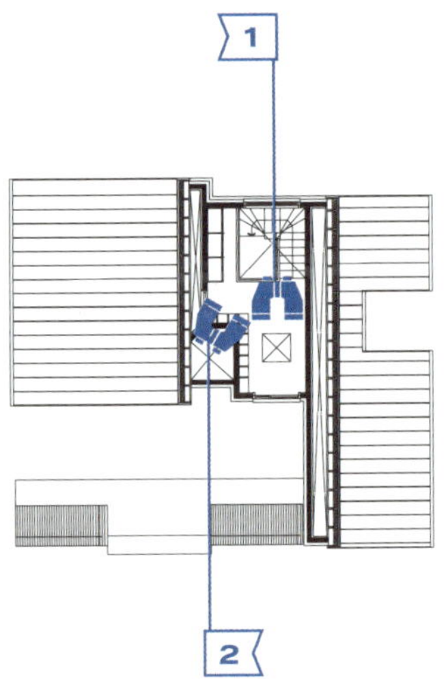

계단

유수암주택은 남쪽 한라산 방향으로 활짝 열려 있다. 계단실 위 커다란 창은 충분한 채광을 받아들여 1층, 2층으로 온기를 공급해주는 에너지커넥터 역할을 한다.

"청아한 빗소리에 느끼는 힐링, 집이 준 선물입니다"

집의 이름을 지었습니다.
'聽雨軒' 라고.
'들을청, 비우, 집헌' 그러니까 '빗소리를듣는집' 이라는 뜻의 '청우헌' 입니다.
지난 주 봄비가 내리는 날, 유수암 집 안에 있었습니다. 들리는 빗소리가 어찌나 사람의 마음을 평화롭게 하는지, 전 이상하게도 어렸을 때부터 비가 오는 날이 참 좋았습니다. 세상에서 가장 아름다운 소리는 '함석 지붕에 비 떨어지는 소리' 라는 말도 있습니다. 저희 집은 지붕이 금속재라서 그런지 빗소리를 더욱 잘 느낄 수 있습니다. 아마 아파트라면 밖에 비가 오는지도 모를 상황이었는데 이 곳에서는 그 소리가 너무 청아하게 들렸습니다. 겨울비 내리는 날, 빗소리를 들으며 벽난로 위에 찻물을 끓이며 바흐의 '무반주 첼로 조곡' 을 듣는 상상에 빠집니다. 속세에 때묻은 마음을 빗소리에 씻어버리고, 마음의 평화를 누리는 집, 청우헌입니다.

이제 현관 입구와 마당에도 제주석을 깔았습니다. 건물 동쪽면에도 멋진 돌담을 완성했습니다. 책도 모두 옮기고, 2층 다락에 앉으니 가히 '산중무력' 입니다. 처음에는 집짓기에만 몰두했지 외부공간을 만들 생각은 엄두도 내지 못했습니다. 그런데 지금은 내 의지와 상관없이 집이 스스로 알아서 외부 공간을 디자인합니다. 사람이 주체가 아니라 주변 환경이 이렇게, 저렇게 하라고 훈수를 둡니다. 이젠 제 의지로 멈추기 어렵습니다. 덕분에 요즘 주머니는 항상 비어 있습니다. 1년에 한 번 얼굴이나 보는 친구가 문자를 보내옵니다.
'너의 삶의 재미(제 아내를 뜻합니다)가 없으면 나를 부르시오'
나한테는 관심없고 유수암 집에서 색소폰 연습을 맘껏 하고 싶다는 친구의 투정입니다.
그 사이 마당에 몇 가지 꽃을 심었는데, 이를 보는 재미도 쏠쏠합니다. 상사화, 붓꽃, 백일홍, 천일홍, 한라구절초, 무화과, 향유화 등. 다음엔 주변 돌담 위에 예쁜 능소화를 심을 생각을 하니 가슴이 두근두근. ㅎㅎㅎ

대지위치	제주시 애월읍 유수암리
대지면적	991.74㎡(300.4평)
건축면적	85.79㎡(25.95평)
1층면적	85.79㎡(25.95평)
2층면적	8.39㎡(2.54평)
연면적	94.18㎡(28.49평)
건폐율	8.65%
용적률	9.50%
구조	경량목구조
디자인	홈스타일토토
시공	대한이앤씨
디자인 기간	2012.08~2012.09
시공 기간	2012.11~2013.04

외장재	적삼목, 오메가플렉스
내장재	석고보드 위 벽지
지붕재	아연도컬러강판
공법	기초-줄기초, 지상-경량목구조
단열	벽 - R19그라스울, 지붕 - R30그라스울
창호재	앤썸(독일식 시스템)
주차대수	자주식 1대
최고높이	6.3M

내벽마감	실크벽지
바닥재	구정 강마루
수전/타일/욕실기기	이누스
주방가구	한샘 유로
조명	공간조명, 메가룩스 등
계단재	자작나무합판
현관도어	성우 스타게이트
방문	자작나무합판(현장 제작)
책장	자작나무합판(현장 제작)

제주도 집짓기, 육지랑 너무 달라요!

제주에서 처음으로 주택 디자인을 진행하면서 많은 것을 느꼈다.

우선 건축주 입장에서는 제주 바깥에서 내 집을 디자인해 줄 사람을 찾기가 쉽지 않다. 그래서 우리는 첫 미팅 이후 제주에서의 디자인 프로젝트는 제주 특성에 맞게 진행하기로 했다.

시공자는 말할 것도 없고 인허가 관계를 따지는 일도 모두 현지 업체에 자문을 구했다. 제주에 현장 방문을 하러 갔을 때도 시공사와 현지 건축사사무소에 있는 분들을 여럿 만났다. 다행히 이들도 몇 년 전 외지에서 제주로 이민 온 분들이라, 외부 디자이너에게 거부감보다는 친근감을 갖고 있었다.

제주에서 집짓기를 준비하는 이라면, 특히 외지인이라면 몇 가지 반드시 숙지할 사항이 있다.

제주만의 건축계획심의기준 파악

토지매입 시 해당 토지에 내가 생각하는 건물을 지을 수 있는지 지자체 관할 부서에 직접 확인해야 한다. 제주에는 '제주특별자치도 건축계획심의기준' 이라는 미관 심의가 있다. 컬러를 마음대로 쓰지 못하거나 지붕 형태는 경사져야 한다든가 해서, 어쩌면 모던한 디자인의 건물은 아예 짓지 못 하는 경우도 생긴다.

바람, 습기 등 기후 환경에 대한 대비

디자인 단계부터 제주의 기후 특성에 따라 바람과 습도, 환기 이 세 가지를 세심히 신경 써서 설계해야 한다. 유수암 주택을 지은 시공사는 외단열 공법이 제주의 강풍과 다습한 환경에 맞지 않다고 삭제하기를 권고했다. 우리는 그 의견을 수용하여 진행하기로 했다. 또한 바다와 가까운 위치를 고려해 연결철물이나 못 등도 반드시 아연도 제품이나 스테인리스 제품을 사용해야 한다. 내구성을 생각한다면 이런저런 기후 요소들을 반드시 염두해 진행하길 권한다.

건축비, 육지보다 20%는 높아

제주의 건축비용은 아무래도 육지보다 비쌀 수밖에 없다. 멀리 떨어진 섬이니 물류비가 높고, 원하는 인력도 바로 구할 수 있는 게 아니다. 자재의 종류도 육지만큼 다양하지 않아 현지 여건을 고려한 자재 선정도 필요하다.

소위 말하는 '을지로 차떼기' 식으로 서울에서 자재를 한 트럭 구매해 배로 들여오는 방법도 있으나 반품이나 재구입이 어렵다고 봐야 한다. 인터넷 구매가 가능한 조명이나 소품은 택배로 가능할 수 있겠지만, 역시나 제한적이다.

제주의 날씨는 눈비가 잦은 편이다. 특히 4월 즈음에는 고사리장마라고 잦은 비가 내리고 손이 귀하기도 하여 공사 일정이 자주 미루어지는 것을 보았다. 체감하기로는 위와 같은 제반 사항으로 전체 공사비가 육지 대비 20% 이상 높은 것 같다.

제주에서 시공 경험 갖춘 회사에 맡겨야

최근 제주에는 육지에서 아예 본사를 옮겨와 공격적으로 영업을 하는 시공사들도 늘어나고 있다. 아무리 육지에서 이름 있는 업체라 하더라도 제주에서의 시공경험이 없으면 일을 풀어나가는 데 어려움을 겪을 수 있다. 또한 환경적 배경을 무시하고 시공을 하다가는 하자가 발생할 수 있으니 장기간 제주에 뿌리내리고 사업을 하고 있는 회사에게 시공을 맡기는 편이 낫다.

물론 앞으로 능력 있는 시공사들이 제주에 많이 진출해 경험치를 쌓을 것으로 보이니, 건축주들의 선택권이 늘어나리라 예상한다.

CASE 06
와이드뷰 단독주택

전망
좋은 곳에
집짓기

양평 회현리 주택

양평 회현리 주택

조망 좋은 곳에서의 주택 디자인은 어떻게 풀어야 할까?

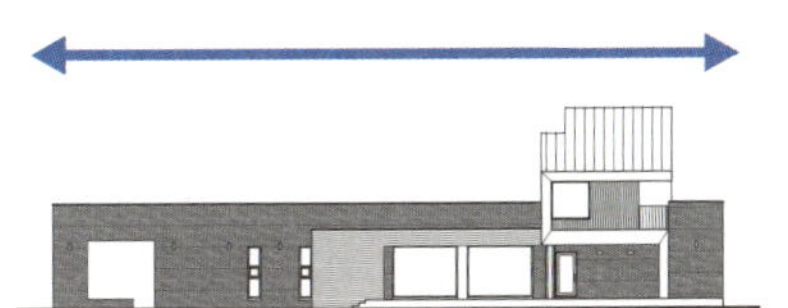

건축주 가족구성
40대 부부 + 아들1

대지면적
919㎡ / 278평

총면적
152.30㎡ / 46.07평

한쪽 방향으로 펼쳐진 조망권에 대응하는 와이드한 디자인

1. 조망이 펼쳐진 계단식 택지의 경우는 과감하게 조망 방향 열어주기
2. 각각의 창에 담길 풍경을 상상하여 디자인

북한강이 잠시 휘돌아가는 양평 회현리 주변에는 이미 오래 전부터 터를 잡고 들어온 외지인들이 많이 산다.
규모나 형태는 제각각이지만, 모든 집들이 강을 바라보며 '앞으로 나란히' 하듯 인상적인 모습으로 늘어서 있다.
집들 앞으로 보이는 풍경은 공평하게 주어진 선물 같다.

건축주는 사실 디자인에 대해 이런저런 방향을 제시한 적이 별로 없다.
현장 역시 동행해 상황만 보여줄 뿐, 크게 강조하는 내용도 없었다.
다만, 남측 강변 조망을 가리킬 때는 그가 왜 여기에 집 짓기를 결심했는지 마음으로 느낄 수 있다.
회현리 주택 디자인에서 조망은 선택이 아닌 필수 요건이었다. 정면으로부터 프라이버시 침해 우려가 적었기 때문에 과감하게 정면을 열고 멋진 조망을 한껏 누리고자 했다.

디자인 접근법

처음에는 30평 가량으로 규모를 설정했다가 초안 미팅을 거쳐 납품하는 과정에서 집이 40평대로 커졌다. 다락마저 정식 3층으로 산입되면서 집은 결국 50평에 육박하게 되었다. 건축주는 으리으리한 공간을 원한 것은 아니었으나, 실내에서 바깥을 조망할 때 막힘 없이 환하게 뚫린 구조를 선호했고, 그러한 이미지가 각 층에 반영되었다.
1층은 거실-주방으로 연결되는 10m 가량 트인 공간이 가히 조망형 거실이라 할 수 있고, 2층은 가족실에서 야외옥상 데크로 시선이 뻗어나간다. 2층 남측방에서의 조망도 시원하기 그지없다.

어떤 공간에 있든지 시원한 조망을 즐길 수 있는 이 곳은 여성보다는 남성들에게 인기 있는, 강한 직선형의 이미지로 구축되었다. 최종 디자인에서는 추후 태양광패널 설치를 위해 지붕 경사각을 요구 각도에 맞게 변경하였다.

디자인 프로세스

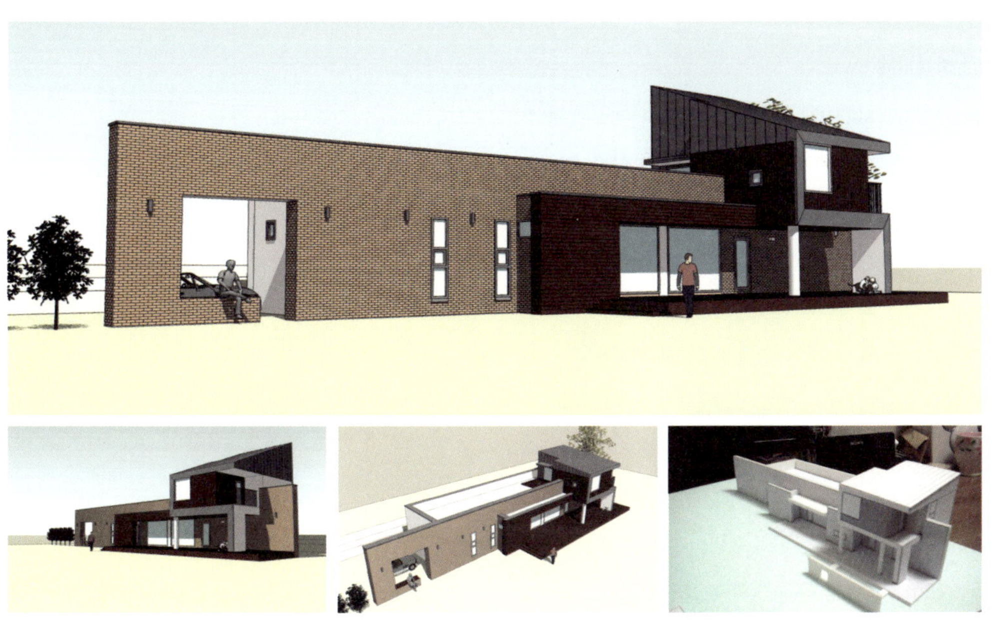

건축주와 건축가의 대화

건축주 이 선생님께

반갑습니다. 게시판에 올려주신 글은 잘 읽었습니다. 너무 일목요연하게 정리해 주셔서 외려 제가 비집고 들어갈 틈이 없네요. 문의는 주택 디자인과 시공 분야라고 하셨지만, 디자인도 이미 한 번 해보신 것 같고 시공도 나름 자재의 많은 부분이 선정되어 있어, 상당 기간 고민하신 흔적이 보이네요.
워낙 짜여진 숫자들로 문의를 주셔서 오히려 선생님으로부터 그간의 스토리를 경청하는 시간이 필요할 것 같습니다. 땅의 스토리와 여러 가지 기타 계획들… 조만간 미팅을 다시 하길 청합니다. 뵙기 전에 다른 궁금증 등은 메일로 한 번 더 나누어도 좋겠습니다.
2011.02.12

임 소장님께

답장 감사합니다. 토지 매입은 5년 전이며, 이후부터 계속 건축에 대한 정리를 하고 있는 중입니다. 용도는 부모님을 모시거나 당장의 주말 여가용, 향후 저와 집사람의 노후대비 거주 등 다목적으로 검토를 해왔습니다. 이번에는 어느 정도의 자금 계획이 나온 터라 실행에 옮기려는 것입니다. 다른 곳에 설계를 의뢰한 적은 없지만 대략 제가 생각하는 윤곽은 머릿속에 있는 상태입니다.
단순한 구조를 가진 모던한 타입을 추구하며, 패시브하우스는 아니지만 건축 후 태양광과 지열시스템을 접목하고자 구상 중입니다. 지금 토지 상황은 5도 정도의 완만한 절개지입니다. 사방이 구획정리(25m X 38m 정남향)된 땅에 조경석으로 마무리되어 있습니다. 6m 도로 접 / 지하수 타공 / 농사용 전기 인입 / 도로 옆 하수라인 연결 / 6평형 이동식 주택이 현재 상태이며, 구획토지 앞뒤로 이미 전원주택이 들어서 있는 상태입니다.
지면상으로 자세한 것을 나열하기 어려우니 제가 시간이 되는 대로 찾아뵙도록 하겠습니다.
2011.02.12

양평

회현리

주택의

/

메인

디자인

콘셉트

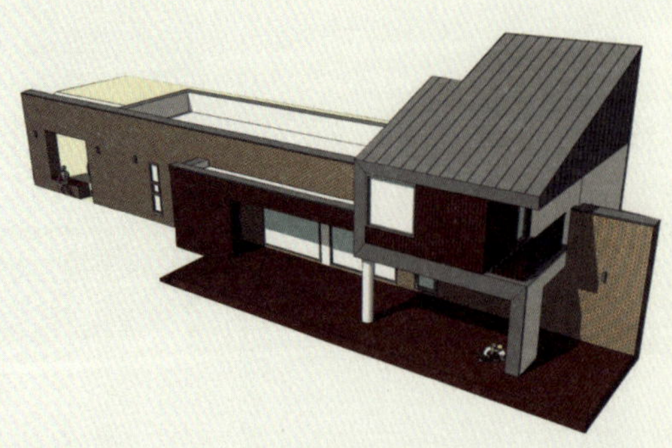

1 뒷집의 조망을 보장하고 내 집의 조망 살리기

토지는 남한강을 조망하는 전형적인 양평의 외지인 마을 분위기다. 야트막한 경사지에 계단식으로 필지가 분할되어 있어 강을 조망하는 데 적절한 환경을 갖고 있었다.

뒷 땅에는 이미 집 한 채가 들어서 있었으므로 그 집의 조망을 해치지 않는 범위 내에서 최대한의 조망을 확보할 수 있는 집을 디자인해야 했다.

2 각 층별로 조망을 극대화한 실내 디자인

건축주는 이 집을 당분간 주말주택으로 사용할 심산이었기에, 생활에 관련된 시시콜콜한 대화보다는 대지 조건을 십분 활용하는 디자인 형태에 관한 논의가 필요한 상황이었다. 건축주는 디자인은 우리 쪽에 일임하고 그 외 집에 대한 기본적인 단열성능에 더 큰 관심을 갖고 있었다.

대지를 답사한 후, 1층에 무게 중심을 주고자 했다.

건축주가 주로 머무는 공간이 될 것이고, 1층에서도 조망이 괜찮았다. 건축주는 내부가 벽이나 기둥으로 막히지 않은 개방감을 원했다. 그에 맞는 장중한 마감재를 선정하였고 거의 10m에 가까운 거실-주방 축을 구성하여 영화 및 음악 감상이 가능한 A/V시스템 구축에 적합한 환경을 만들었다.

전망을 위해 3m에 가까운 대형창을 남향 전면에 2개조 설치하였고 조망을 가리지 않도록 환기창은 별도로 설치하였다. 2층은 조망조건이 유리하여 정면에 정방형 창을 두기로 하고, 가족실을 통해 옥상으로 나갈 수 있게 했다.

3 철근콘크리트의 장점 활용해 무게감 부여

주택은 철근콘크리트 구조의 장점을 십분 활용하여 디자인되었다. 기둥식과 벽식을 혼합하여 1층 거실 부분을 막히는 공간 없이 시원하게 처리하였고 2층은 평슬라브로 처리해 전망대 역할을 할 수 있게 만들었다. 전체적으로 힘 있는 스타일로 디자인해 콘크리트 주택의 무게감이 느껴진다.

시공과정

1. 일부가 성토된 땅이다 보니 터파기를 하면서 원토와 복토의 경계가 극명하게 드러났다. 아무래도 무른 층이 두터워 계획보다 줄기초를 더 깊게 했다.

2. 부동 침하에 안전한 줄기초 공법. 기초 외벽에는 압출법 단열재 100㎜를 두 겹 시공했다.

3. 되메우기와 잡석다짐 등 일반적인 집짓기에서 자주 누락되는 항목들을 거의 원칙대로 진행했다.

4. 지상부 골조 공사와 오수합병 정화조 설치

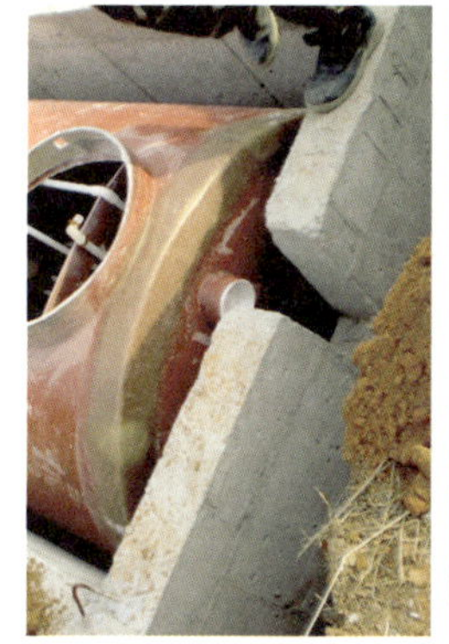

5. 2층 슬라브 배근 및 단열재 설치

6. 창호 주변도 크랙이 가지 않도록 착실하게 배근하였다.

7. 추후 2층에 온실을 증축할 계획이어서 다소 무거운 하중도 견딜 수 있도록 기둥-보로 이어지는 콘크리트 라멘조로 시공했다.

8. 2층 슬라브 타설 중이다. 타설 후 날씨가 뙤약볕이어서 물을 뿌려주는 등 보양작업이 필요했다.

9. 2층 부분의 골조 공사

10. 천장에는 건축주가 선호하는 LED등과 각종 A/V관련 기계와 배선들이 설치되었다.

11. 외부 마감으로 천연 원목인 방낄라이를 설치한 후, 스터코 시공을 위한 하도 작업이 한창이다. 전체적으로 블랙컬러강판과 방낄라이, 고벽돌과 스터코의 매치가 잘 어울린다는 평을 받았다.

내외부 모두 확 트인 개방형 공간 1F

1

주방에서 본 거실
천장과 벽이 메인 컬러는 가구와 마루를 어둡게 하여 장중한 분위기를 연출하였다. TV가 있는 쪽의 벽들은 어두운 톤으로 마감해 깊이감을 더했다.

데크
시원하게 뻗은 가로선이 동선을 집 앞으로 유도하며 회현리 주택의 정면 이미지를 넓게 펼쳐준다.

안방
그린 톤의 안방 컬러. 각 공간에는 착탈식 바리솔 조명과 열회수 환기장치, 시스템에어컨이 설치되어 있다.

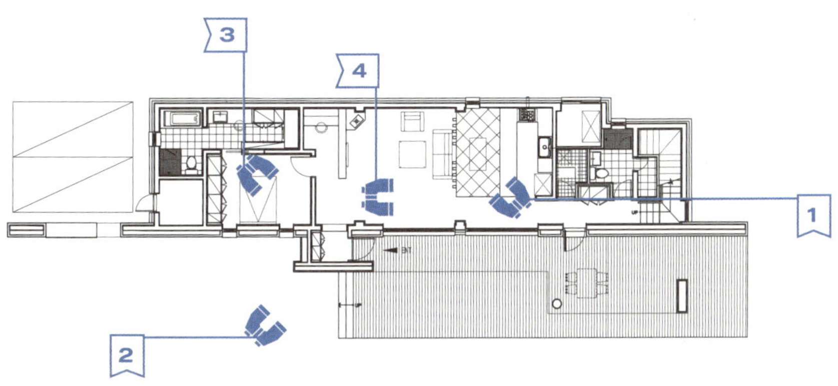

거실에서 본 주방
원래 주방과 거실 사이에 평상을 계획하였으나, 탁 트인 실내 공간을 원했던 건축주의 의견으로 삭제하였다.

전망대가 있는
추억의 공간
2F

1

옥상
평지붕으로 만든 옥상은 이 집의 전망대 역할을 한다.

가족실
2층에는 옥상 전망대로 나가는 출구와 다락으로 올라가는 계단이 이어진 가족실이 자리한다.

자녀방
가장 멋진 실내 조망을 갖고 있는 2층 자녀방. 전면창 아래로 좌식 책상을 놓고 책을 보면 지루할 틈이 없겠다.

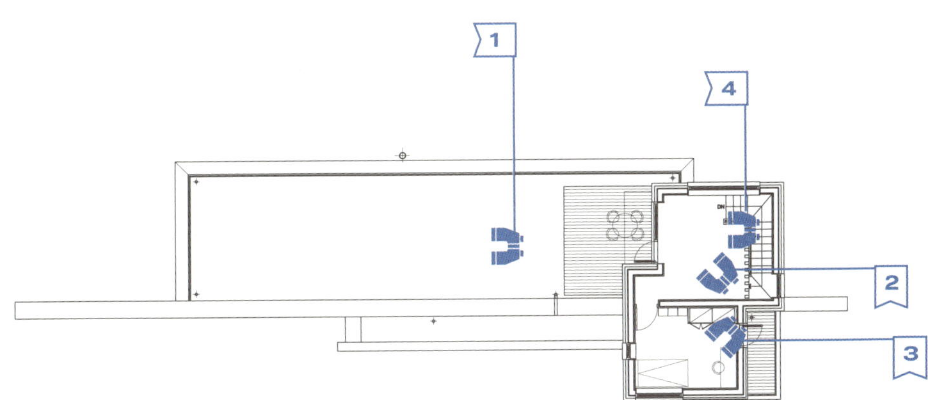

다락방
꽤 넓은 다락방. 창 옆에 누우면 남한강이 보인다.

대지위치	경기도 양평군 회현리
대지면적	919㎡(278평)
건축면적	135.46㎡(40.98평)
1층 면적	117.15㎡(35.4평)
2층 면적	35.15㎡(10.63평)
연면적	152.3㎡(46.07평)
건폐율	14.74%
용적률	16.57%
구조	철근콘크리트조
디자인	홈스타일토토
시공	건축주 직영
디자인 기간	2011.09 ~ 2011.12
시공 기간	2012.03 ~ 2012.08

외장재	고벽돌, 방낄라이, 스터코플렉스
내장재	석고보드 위 지정색 페인트
지붕재	아연도 컬라강판
공법	기초-줄기초, 지상-철근콘크리트조
단열	벽 - 200㎜ 압출법단열재 + 100㎜ 비드법1종 단열재, 지붕 - 150㎜ 압출법단열재
창호재	한화(독일식 3중유리시스템)
주차대수	자주식 2대
최고높이	9.25M

내벽마감	석고보드 위 벤자민무어 페인트
바닥재	풍산 강마루
수전/타일/욕실기기	이누스
주방가구	한샘 키친바흐
조명	필립스, 바리솔
계단재	멀바우 집성목
현관도어	성우스타게이트
붙박이장	한샘

집 짓는 과정은 순서대로, 변칙은 금물!

"인허가는 받아놓았으니 그림만 빨리 그럴싸하게 그려주세요!"

"저는 이러이러하게 짓고 싶어요. 한번 그려주세요. 참, 근데 아직 땅은 못 구했어요!"

위와 같은 건축주들을 만나면 '일이 수월하진 않겠구나' 싶다. 첫 번째는 너무 늦은 경우고, 두 번째는 너무 급한 경우다. 그러나 의외로 이런 사람들이 많다.

특히 인허가를 미리 받아놓는 경우는 굉장히 만연해 있는 일이다. 큰 임야나 전답을 가진 개인이 제3자에게 분할매도하려는 경우, 여러 사람에게 명의가 넘어가고 집을 짓지 않으면 환경적으로 땅만 훼손하여 폭우, 산사태 등에 대한 대응이 취약해지므로 일정 기간 안에 반드시 집을 짓도록 법으로 규제하고 있다. 땅을 분할 매도하고자 할 때는 언제까지 집을 짓겠다는 계획까지 첨부해야 가능한 경우가 많다. 이 때는 땅은 비어 있으나 서류상 어떤 집을 짓겠다고 허가가 들어간 상태이므로 허가 받은 조건 그대로 짓거나, 변경 신청을 해서 새 도면으로 바꾸어 진행해야 한다. 이럴 때는 기존 안의 위치나 면적을 어느 정도까지 바꾸는 것이 가능한지 첫 도면을 작성한 담당 건축사사무실이나 관할 관청에 확인을 거쳐야 한다. 이미 지역 토목/측량 사무실을 통해 간단한 인허가를 받아놓은 상태라면 변경할 수 있는 층수나 면적의 범위를 체크하여 한도 내에서 새로이 디자인을 해서 변경 신청하면 큰 무리는 없다.

집 지을 때 조급증은 금물이다

시간이 촉박하거나 비용을 줄이고자 정당한 과정을 생략하려들면, 주변의 나쁜 꼬임에 넘어가기 쉽다. 그 점을 노리고 접근하는 사기꾼들이 있기 때문이다.

무조건 땅부터 팔려고 아무 도면이나 첨부해 개발행위 허가만 받아놓고, 이후 기본적인 배수공사나 석축공사 같은 토목공사는 방치한 채 땅을 분양하는 사람이 있다. 또한, 제대로 된 도면은커녕, 어떤 집을 짓겠다 대화도 안 한 상태에서 평당 얼마에 지어주겠다고 가격 제시부터 하는 시공업자들도 있다. 급한 마음에 이들에게 솔깃하게 되면 피해는 고스란히 건축주 몫이다.

정당한 집짓기 과정은 다음과 같다.

내가 살고자 하는 지역선정 → 지역 내 편의시설이나 학교 등 자신이 중요시하는 요소들의 현황 파악 → 후보 지역의 땅 매물 탐색 → 적절한 땅이 나오면 규제사항이나 허가조건이 특이한 게 없는지 체크 → 땅 매입 → 집을 디자인할 설계자 물색 → 디자인과정 → 개발행위허가와

건축인허가과정 → 완성된 디자인을 제대로 구현해 줄 시공자 선정 → 완공 후 입주

그렇다면 디자인은 왜 필요한 걸까?

우리가 식당에 가서 주문을 하면 일정 시간 기다렸다 음식을 먹게 된다. 그러나 시공자 위주로 돌아가는 단독주택 시장에서는 디자인을 위한 일정 시간이란 없다. 집을 짓는다고 해서 '짓는다' 는 것에만 초점을 맞추고 집에 대한 생각은 하지 않는다. 디자인 과정을 거쳐 상세한 주택 디자인 도면이 나와야 하는 과정까지는 제대로 인식하지 못하고 있다.

어디서나 볼 수 있는 스타일로 집을 짓는다고 하면 성실한 시공자만 있으면 되지, 굳이 건축가라고 하는 디자이너가 끼어들 필요가 없을지도 모른다. 그러나 현대사회는 개개인의 개성표출 욕구가 높고, 다양한 미적, 문화적 취향들이 생겨나 소비자 개개인의 수요를 구현해 줄 전문가가 필요하게 되었다. 주택 건축에 있어서는 건축가, 역할로 말하자면 주택 디자인 코디네이팅의 필요성이 생긴 것이다.

디자인을 위해서는 일정 시간이 필요하다

현장에 다녀와 주변환경에 잘 어우러지는 형태를 구상해야 하고 건축주 가족들에 대한 라이프스타일 파악, 취향, 선호하는 디자인 이미지 등을 반영해야 하며, 디자인 결과물을 여러 차례에 걸쳐 건축주 측에 브리핑하고 설득하고 이해시켜 점차 완성된 모습을 갖추게끔 이끌고 가야 한다. 이러한 기본과정에 드는 시간은 최소 3개월이다. 디자인을 시작한 후 입주하기까지는 넉넉잡고 1년은 보아야 한다. 디자인 3개월, 인허가기간 1개월, 그리고 시공자 선정기간을 1개월 정도로 잡으면 착공까지 5개월 정도 걸린다.

30평대 목조주택의 경우 3개월 정도 걸리므로 여기까지 총 소요시간은 최소 8개월이 된다. 실제 일을 진행해 보면 디자인 시작부터 완공까지 대략 10개월은 걸리는 게 현실이다. 하지만 요즘도 당장 다음 달부터 집을 짓겠다며 디자인을 의뢰하는 이들이 많으니, 안타까울 뿐이다.

CASE 07
미니 펜션 2제

지형에 맞춘
미니 펜션
짓기

경북 문경 유유 펜션

전남 여수 해아란 펜션

경북 문경 유유 펜션

우리나라 구릉지형에 맞는 미니 펜션 디자인은?

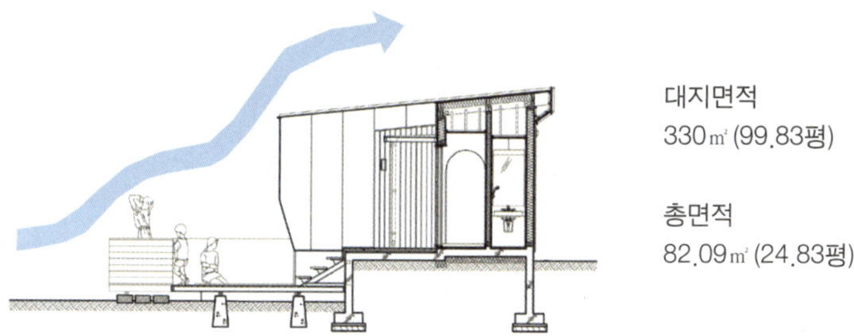

대지면적
330㎡ (99.83평)

총면적
82.09㎡ (24.83평)

구릉지에 펜션을 지을 때는 경사 지형을 재미나게 풀어내는 것이 중요

1. 구릉지를 제대로 풀어내면 그 자체로 조망이 된다.
2. 소비자 타깃을 정확히 설정하여 각 실을 배분한다.

휴양림이 가깝고 주변이 상당히 고요한 문경 펜션의 주변.
산과 물이 적절히 어우러진 문경의 환경과
구릉지와 조망권을 적절히 조합한 미니 펜션은
객실 크기 대비 외부 공간을 여유롭게 주었고,
펜션 전체를 빌렸을 때도 적절히 기능하게끔 구상하였다.

내륙형 경사지에 적합한 펜션의 형태

적은 예산으로 방 개수를 늘려야 하는 다소 모순적인 상황이라, 많은 부담을 안고 펜션 계획을 시작했다. 아무래도 상업 공간이다 보니 평수 대비 건물이 규모 있어 보이게 하는 기법도 필요하고, 그러면서도 사업적 수익성을 고려해 실 개수와 규모, 난방 효율, 마감재 내구성 등에 대해서도 같이 고민해야 했다.
구릉이라는 경사 지형을 살려 도로에서는 안이 보이지 않도록 프라이버시를 확보하고 펜션을 위용 있게 보이도록 했다.

디자인 접근법

대지의 특성을 살려서 아랫단에는 데크와 개별 풀장을 두고, 윗단으로 오르면 개별 객실로 진입하게끔 동선을 짰다. 개별 객실에 아무리 프라이버시를 확보해준다 하여도 규모의 한계상 오밀조밀 모여 있게 되다 보니 창을 위쪽에 배치해 외부 시선을 차단하고자 했다.
실내는 상부 창으로 외부 채광과 조망을 충분히 보장 받는다.
처음에는 단순한 형태로 풀어가다가 진행 과정에서 개별 객실 앞에 캠핑장과 공용 풀장을 계획하기도 했지만, 결국 예산 문제로 독립동과 미니 객실, 개별 풀장 정도로 압축되었다.

디자인 프로세스

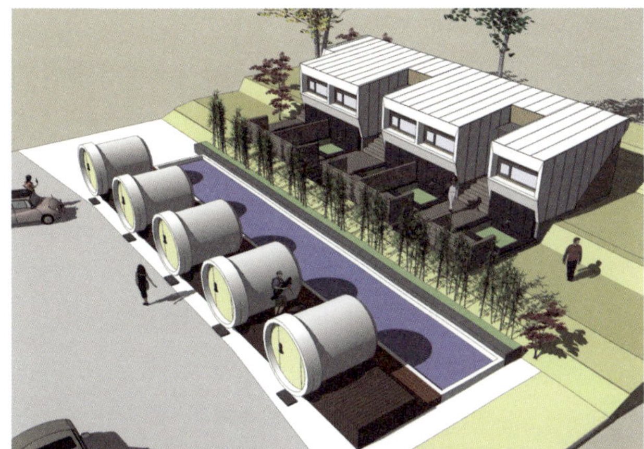

임 소장님께

답글과 문자는 잘 받았습니다. 메일로는 처음 인사를 드리는군요. 땅의 번지수가 지적도에는 좀 이상하게 나오는 걸로 알고 있습니다. 시청에 직접 가서 눈으로 본 것도 그렇고 도로가 아니라 하천으로 나와 있는 것 같습니다. 예전에 안쪽에 휴양림을 만들 때 시에서 길을 내주었는데, 아직 반영이 안 된 것 같습니다. 웹사이트에서 사진을 캡처해서 보내겠지만, 제대로 알아 보실지는 모르겠습니다. 현재 도로는 땅 바로 옆에 있습니다.

제가 펜션을 짓고자 하는 곳은 지금 집이 자리한 대지의 뒤쪽이나 위쪽입니다. 그쪽 땅들도 집을 짓는 데 큰 문제는 없다고 들었습니다. 저도 추후에 주차 문제나 조경 문제를 고려해 어느 사이트에 앉혀야 할지 고민이 많이 되네요. 저는 펜션을 운영하면서 사람들과 부딪히면서 살고 싶고, 놀러 오신 분들은 다른 펜션보다 저렴한 가격에 편하게 쉬다 가면 좋겠습니다. 저희 땅 바로 옆에 짚라인 타는 곳도 있고, 사격장, 철길자전거, 수상자전거, 패러글라이딩 등 체험할 것들이 아주 많이 있습니다. 거의 반경 10㎞ 이내 거리입니다. 얼마 후에는 국군 체육부대도 생긴다고 하네요.

사진 두 장을 첨부해서 보냅니다. 첫 번째 사진에 두 개의 집이 있는데, 왼쪽이 저희가 사는 집이고 오른쪽은 현재 방치된 집입니다. 두 번째 사진은 땅의 위치를 대충 표시해서 보내드리는 겁니다. 많은 이야기를 해 드려야 하는데, 두서가 없네요. 일단 오늘은 이 정도로 갈무리해 봅니다.

2010.01.31

건축주 신 선생님께

지적도는 건축주분이 땅의 내막을 잘 아시고 시청도 몇 번 오가신 경험이 있으시니 건축 가능 여부를 저보다 더 잘 아실 겁니다. 수치적, 법적 제한 사항은 추후에 체크하도록 하지요.

일단 이 경우는 대지 전체의 조닝이 중요한 것 같습니다. 즉, 기존 건물을 살짝 손봐서 민박을 운영해서는 메리트가 없어 보이고, 대지가 넓기 때문에 조경이나 외부 공간에 대한 계획도 건물과 함께 고려하셔야 할 것입니다. 그리고 현재 건물이 상당히 노후된 것으로 보아 신축도 고려하심이 좋겠습니다. 결정된 사항은 없으니 모든 방향을 염두에 두어야 합니다. 어지간한 수리비가 신축 수준으로 나올 수도 있으니까요.

방을 여러 개 두어 운영하고자 하시는데, 민박의 기본 개념이 그야말로 가정집에 하숙하듯 숙박하는 것이므로 자칫 하다가는 숙박시설 허가에 준하는 규모가 될 수 있습니다. 따라서 법적 허용 수치를 잘 줄타기하여 민박 수준의 규모로 허가를 득하는 것이 관건으로 보입니다.

일단 개발의 방향은 너무나 다양합니다.

1. 기존의 두 건물을 철거하고 제대로 된 한 채의 집을 짓되, 복층으로 해 아래층은 손님, 위층은 주인집으로 한다(한 가족만 받되, 건물 자체를 잘 짓고 외부공간을 제대로 꾸며서 숙박비를 제대로 받는 형태).

2. 현재처럼 평면적으로 긴 형태로 디자인을 뽑되, 일정 부분은 창고로 허가 받은 뒤 개조하여 여러 개의 방을 꾸민다(쪽방을 여러

개 두는 간이형태).

3. 아주 작은 미니형 디자인을 서너 채 독립적으로 지어서 한 채는 주인이 쓰고 다른 유닛은 숙박용도로 쓰이되 하나의 단지처럼 보이게 디자인한다.
물론 이 밖에도 가능성은 무궁무진합니다.

만일 저라면, 그리고 손님 유치에 유리한 지역이라면 1번 방법이 좋겠다는 생각입니다. 아버님이 연로하셔서 관리하는데 손이 덜 가야 하고, 리모델링은 손이 많이 가기 때문에 차라리 바탕부터 새로 짓는 것이 나아 보입니다. 한 채만 지으니 여러 채 짓는 방안보다 건축비를 집중시킬 수 있고, 그렇다면 추후 조경에 더 힘을 쓸 여력도 생길 겁니다. 쉽게 말해 작은 방 5개 만들어서 5만원씩 받느니, 집 전체를 한 가족에게 전체 빌려주고 20만원 받는 것이 관리도 쉽고 입소문 타기도 좋을 것 같습니다. 사람들이 내외부 디자인에 감동하여 반복적으로 찾는 명소가 되길 원하신다면 1번과 같은 편이 더 바람직하기도 합니다.

물론 1번부터 3번까지 다 장단점이 있습니다. 미니 형태로 여러 채를 짓는다면 외관도 근사하고 수익도 더 있겠지만, 규모가 커지다 보니 건축비의 상승이 우려되고, 관리도 다른 경우보다 다소 힘들겠지요.
워밍업 단계이므로 오늘 답변은 이 정도만 하고 잠자리에 들겠습니다. 저도 내일 한가로운 시간에 더 생각나는 것이 있다면 또 메일 드리겠습니다.
2010.02.01

문경
유유
펜션의
/
메인
디자인
콘셉트

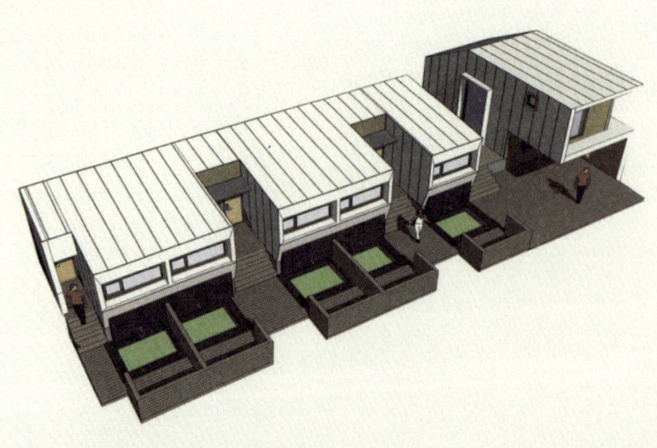

1 땅의 미래에 사업성까지 계획한 범위 설정

펜션 부지의 문제점은 아이러니하게도 너무 넓다는 데 있었다. 건축주는 이 땅에서 무엇을 어떻게 할지 대략적인 계획만 있을 뿐, 당장 대지 전체를 어찌할 상황은 아니었다. 제한된 자본으로 어느 부분을 얼마만큼 개발해야 하는지 그 범위를 정하는 것이 먼저였다. 잘못 하다가는 토목 공사에 건축비 대부분을 소진할 수도 있는 상황이었다.

따라서 1차적으로는 수익이 날 수 있는 펜션동을 우선적으로 배치하되, 추후 계획될 수 있는 공간들과의 연계를 염두에 두고 디자인을 잡아 나갔다. 핵심적인 문제는 1억원대의 예산으로 펜션을 만들어야 하는 것이었다. 방 구성과 면적 배분, 개수 등 일반적인 주택 디자인에 시장 수요 예측이라는 사업적인 면을 함께 고려해 진행했다.

2 디자인 착수 전 건축주와 협의한 기준 사항

- 독채까지는 아니어도 독립된 느낌을 줄 수 있을 것.
- 각 실에 전용 풀장과 바비큐장이 개별적으로 설치될 것.
- 방 크기는 아주 작아도 좋으니 다른 곳에 비용을 들이는 게 좋겠음.
- 법정 면적에 비해 전체적인 규모가 커 보여 펜션 단지의 느낌을 줄 수 있으면 좋겠음.

문경 펜션은 도로 쪽에서 올려다 보이는 위치에 자리잡고 있으므로 계단식으로 구성해야 실제 면적 대비 웅장한 이미지를 줄 수 있었다. 따라서 데크-풀장-객실로 이어지는 계단식 단면구조로 구성하였다.

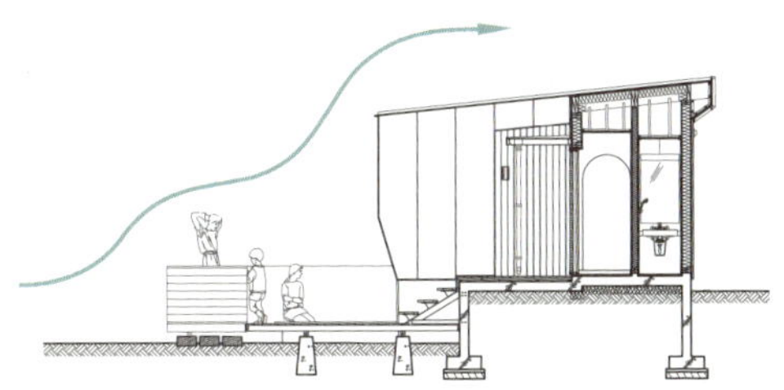

경사지 흐름에 따른 공간위계형 배치 구성

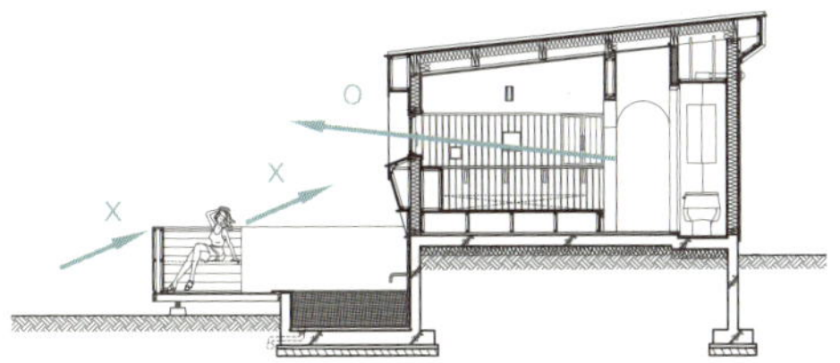

시선 차단 / 프라이버시 보호

시공과정

1. 1층 기초가 높아야 해서 흙을 끌어 모아 줄기초를 형성한다.

2. 풀장 배수관로 배관 후 풀장 거푸집을 설치한다. 각 세대 전용 미니 풀장이다.

3. 골조 공사 모습. 각 실의 크기가 거의 3평 안팎이라 실내 작업 공간이 부족했다.

4. 20m에 육박하는 뒷벽을 세운 후 방습지 시공. 외벽에 요철이 많아서 목조의 장점이 유감없이 발휘되었다.

5. 초기 설계에는 없던 독립 별채가 추가로 시공되었다.

6. 가족실 실내 부분. 침상은 평상으로 처리하여 다목적으로 이용한다.

7. 목골조 완성 후 투습방수지 시공 중이다. 이날 방문은 갓 초등학교 들어간 큰 아들과 함께 하였다.

8. 풀장 전면 데크공사. 낮은 벽을 둘러 실별로 독립적인 공간을 만들어 냈다.

9. 독립 벽채동은 자그만한 형태지만, 목조였기에 디자인대로 형상이 빚어질 수 있었다.

10. 외관이 거의 마무리되고 있다. 랜치사이딩 위에 흰색의 오일스테인을 도포하였다. 한두 번으로는 흰색이 드러나지 않아서 여러 번 칠하느라 시공팀이 애를 먹었다.

독립 별채동의 돌출부 하중을 잡아줄 강관 기둥을 제작하고 있다.

EXTERIOR DESIGN

1

<u>독채 건물</u>
객실 중 가장 큰 독채 건물은 전체 단지에서 조형적 상징성을 부여하고, 주변 개활지로부터 단지 전체를 감싸는 울타리 역할을 한다.

<u>독채 입구</u>
측면에 따로 출입구를 내어 타 객실과 동선을 달리하고 있다.

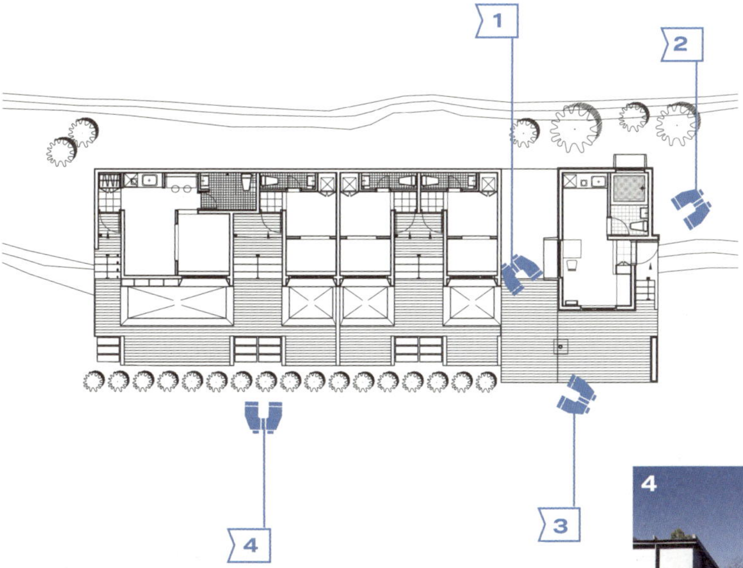

<u>데크</u>
데크는 넓을수록 좋은 것이 정석.
내버려 둔 마당과 포장된 마당은 그 위계 질서가 다르다.

1 2 3 4

<u>객실 입구</u>
각각의 객실이 다닥다닥 붙은 듯 하지만
나름의 위요감을 주어 독립된 동선을 주려고 노력하였다.

작지만 전경을
가득 담는 객실
1F

1

독립 별채
복층이 있는 원룸형 구조로 되어 있는 독립 별채동은 여러 방향으로 시야가 뚫려 있다.

가족실
가족실 안에는 침상 같은 실내 툇마루를 만들어 재미를 줬다.

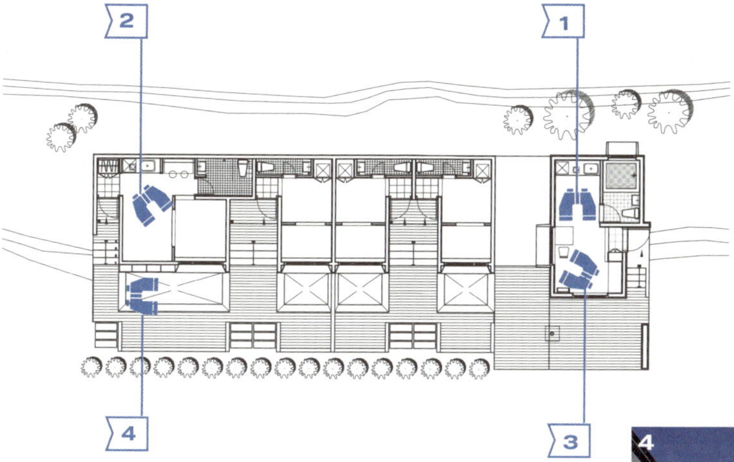

다락에서 본 실내
벽채동 다락에서 아래를 내려다 본 풍경이다.

개별 풀장
각 객실 앞에는 입체감 있게 조성된 전면 데크와 개별 풀장 시설이 자리한다.

대지위치	경북 문경시 불정동 자연휴양림 앞
대지면적	330㎡(99.83평)
건물용도	농어촌민박형 다가구주택(펜션)
건물규모	지상 2층
건축면적	104.85㎡(31.72평)
연면적	82.09㎡(24.83평)
건폐율	31.77%
용적률	24.88%
구조	경량목구조
디자인	홈스타일토토
시공	오가건축
디자인 기간	2010.02 ~ 2010.06
시공 기간	2010.09 ~ 2011.03

외장재	아연도강판, 렌치사이딩
내장재	석고보드 위 지정색 페인트
지붕재	아연도 컬러강판
공법	기초 - 줄기초, 지상 - 경량목구조
단열	벽 - R19그라스울, 지붕 - R30그라스울
창호재	VEKA 드리움
최고높이	4.9M

내벽마감	석고보드 위 KCC숲으로페인트
바닥재	PVC장판
수전/타일/욕실기기	이누스
주방가구	사제 제작
조명	룩스몰
계단재	무늬강판

전남 여수 해아란 펜션

해안선을 따라 길고 좁게 늘어선 땅에는 어떤 디자인의 펜션을 지을까?

대지면적
334㎡ (101.04평)

총면적
99.5㎡ (30평)

해안형 평지 펜션에 적합한 디자인 찾기

1. 프라이버시 확보를 위해 바다를 바라보는 정면에 과감히 벽 설치
2. 횡으로는 어느 객실이나 바다조망을 하게 하고, 종으로는 각각의 객실에 마당을
3. 2층에서 바다가 펼쳐 보이도록 디자인

이곳은 마치 바닷가 바로 앞 도로에 조르륵 앉아 한참을 구경하고 가도록 발길을 붙잡는 느낌의 땅이다. 카페와 슈퍼마켓으로 사용하는 구옥이 있었으나 주변 상황과는 전혀 맞지 않는 건물 상태였다.
기존의 틀을 받아들이며 새로운 제안을 하기 어려워 과감히 구옥을 철거하고 신축을 위한 디자인을 계획했다. 고양이가 까치발을 하고 울타리 너머의 바다를 훔쳐보는 상상을 하며 과감히 벽을 두르고 그 위로 바다가 보이는 조망창을 구상하였다.

원래 땅에 있던 건물을 리모델링하는 것에서 과감히 철거 후 신축으로 방향이 전환되면서 좁고 긴 대지에 어떻게 펜션을 앉힐 것인가 하는 문제가 대두되었다. 좁다란 대지는 쓸모 있는 공간 구조를 뽑아내기 위한 과정의 애로사항이기도 했지만, 너무 얕은 공간이 되어 프라이버시가 쉽게 침해 당할 것이 두려웠다. 아무리 바닷가 경치가 좋아도 지나가던 사람들에게 쉽게 들여다보이는 구조라면 손님들이 두 번은 오지 않을 수 있다.
구릉이라는 경사 지형을 살려 도로에서는 안이 보이지 않도록 프라이버시를 확보하고 펜션을 위용 있게 보이도록 했다.

디자인 접근법

7~8m 가량의 대지 폭에 이격 거리까지 지켜가며 건물을 앉히기 위해서는 집의 구조를 뱀처럼 늘어뜨리는 것이 가장 적절한 방법이었다. 그렇게 중간중간 공간을 주어 마당을 심고 외부에서 들여다 보이는 문제는 각 실을 복층화하여 해결하였다. 1층은 밖에서 보기엔 막힌 공간으로 만들고, 2층은 조망을 위해 탁 트인

시야를 갖추었다. 따라서 의도적으로 울타리를 둘러 폐쇄적인 이미지를 주고, 2층 조망은 과감히 트는 방법을 선택했다.

초안처럼 1층과 2층의 이미지를 확연히 다르게 처리하고 싶었으나, 1층에서의 조망과 채광도 고려해달라는 의견을 받아들여 다소 현실적인 형태로 정리되었다. 미니 펜션에 소매점의 기능을 더해 지원 시설로서의 기능도 추가되었다.

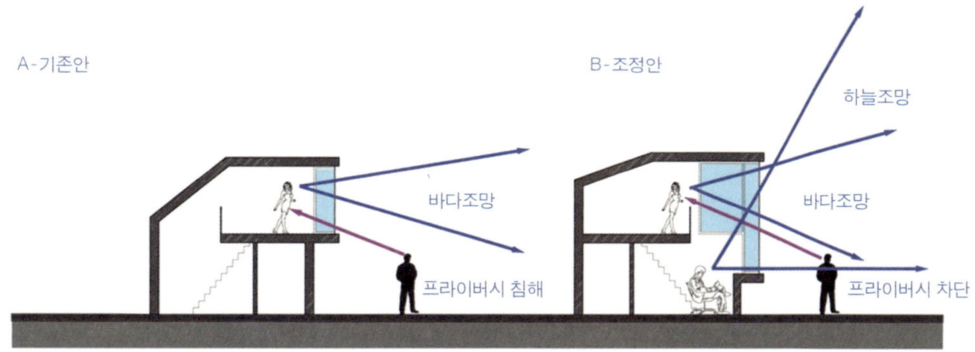

디자인 프로세스

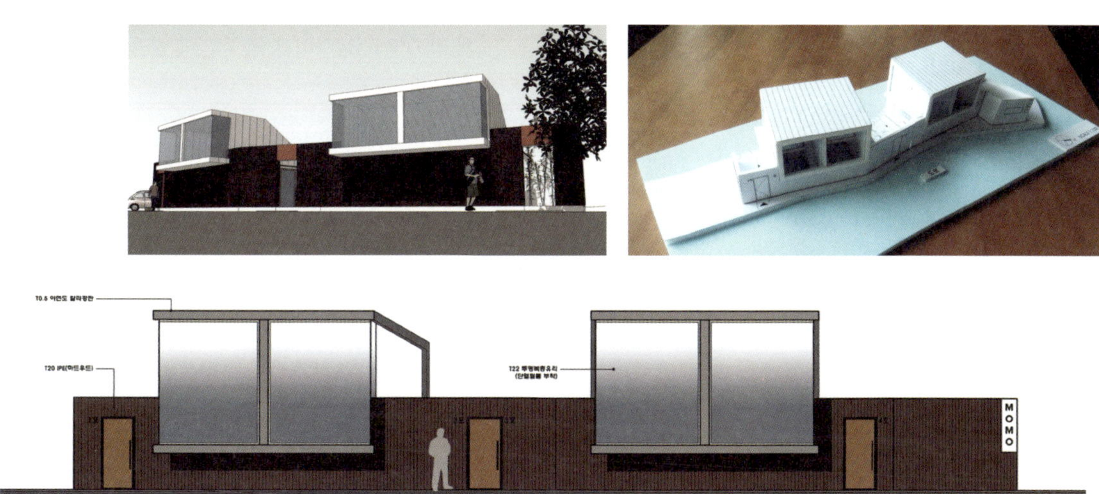

건축주와 건축가의 대화

건축주 서 선생님께

반갑습니다.

2층 기존 주택 리모델링 + 미니펜션 1동의 계획을 갖고 계시군요.

일단 아래 세부적인 질의를 더했습니다.

1. 대지주소: 기존 건물과 신축 예정 부지의 번지수가 같은지, 즉 같은 땅인지 확인해야 합니다. 대지 주소를 알아야 법적인 허용치와 도로 접속 여부 등을 파악할 수 있습니다.

2. 현재 상황 브리핑: 땅에 대한 것과 기존 건물에 대한 이야기를 사진과 함께 전해주세요. 지하수를 파야 하는지, 상수도 연결이 가능한지, 전기 인입이 바로 되는 곳인지, 오폐수가 정화조 방식인지 오폐수 연결관이 있는 곳인지 등 현재 대지 조건과 기존 건물 여건에 대한 설명이 필요합니다.

3. 계획 의도: 리모델링 의도와 규모, 퀄리티, 그리고 펜션에 대해 예상하고 있는 규모 등

4. 디자인 요구 조건: 여러 가지 머릿속에 구상 중인 것을 되도록 많이 전해주세요. 가족 사항과 내부 공간 활용 계획 등도 포함해 말씀해주시면 되겠습니다.

5. 가용 자금 범위: 대략적인 계획자금을 결정하셔야 건물 규모나 퀄리티 등을 정하는 데 참고가 됩니다.

이상입니다.

2010.12.15

임 소장님께

안녕하세요. 제가 직장 생활에 결혼 준비까지 하려니 정신이 좀 없네요. 결혼식 마치는 대로 펜션 짓기를 시작할 예정입니다.

1. 전남 여수시 오천동 ○○○입니다. 기존 건물과 같은 부지에 작은 펜션을 하나 더 지을 생각입니다.

2. 현재 부지는 1종일반주거지역입니다. 하지만 기존 2층이 도시계획에 걸려 무허가 건축물이거든요. 현재 등기상엔 1층 주택으로 되어 있습니다. 그래서 이번 기회에 그 부분을 잘라내는 리모델링을 하고 옆 부지에 미니펜션(방 2개)을 짓고자 합니다. 부지 면적은 20평 정도입니다. 상수도와 지하수, 전기 등은 다 들어와 있고 현재 정화조 방식으로 오폐수 처리를 하며 브로워(정화조의 환기 기능 및 산소 공급 장치)가 설치되어 있습니다.

3. 현재 계획은 기존 2층 건물에 리모델링을 실시하여 방을 4개 정도 넣을 생각이고, 옆 부지에 방을 2층 규모로 두 개 넣을 생각입니다.

4. 건물이 바닷가 바로 앞에 위치해, 바다와 잘 어울리고 정말 멋있는 펜션을 짓고 싶습니다. 여수에도 이런 건물이 있구나, 할 정도로 전국에 하나뿐인 멋진 건물을요.

5. 대략적인 계획 자금은 정했습니다. 적은 비용으로 좋은 집을 지면 얼마나 좋겠습니까. 그래서 결혼 준비를 하는 바쁜 와중에도 틈틈이 집 짓기 공부를 하고 있습니다.

이렇게 인연을 맺어서 기쁘네요. 고견 기다리겠습니다.

2010.12.15

여수 해아란 펜션의 / 메인 디자인 콘셉트

1 뱀 같은 형상의 땅, 그 용도 찾기

여수펜션의 땅은 폭 8m 가량에 길이 30m 남짓 되는 기다란 땅이었고, 굽이치는 형상까지 더해 마치 뱀의 모습과 비슷했다. 이 땅을 어떻게 활용할 것인가가 제일 중요한 과제였다. 단순히 좁기만 한 상황이 아니라, 잘못하면 정상적인 용도로는 아예 활용이 불가능할 수도 있었기 때문이다.

일반적인 상황이라면 건축주의 요구 사항도 많고 집에 대한 아이디어도 제안했겠지만, 이 땅의 경우는 어떻게 디자인하면 좋겠다는 의견을 아무도 선뜻 제시하지 못했다. 바닷가인 것이 장점도 되지만 바다가 너무 가까이 있어 부담스럽기도 했다. 폭이 너무 좁은 땅이다 보니 건물 자체의 형태를 어떻게 앉혀야 할지, 그리고 사방에서 들여다 보이는 단점을 어떤 방식으로 극복할지도 결정해야 했다.

2 과감한 울타리로 도로로부터의 시선 차단

우선적으로 형태부터 잡았다. 시선 차단 겸 프라이버시 보호의 용도로 대지 전면에 과감히 울타리를 둘렀다. 울타리는 건물 한 개 층 높이에 달한다. 말로만 이야기했을 땐 회의적인 반응이 많았기 때문에 서둘러 초안을 잡고 모형을 만드는 등 형태를 빚어서 설득 작업에 들어갔다. 1층의 시선을 차단하자 오히려 각 세대에 독립된 마당이 생기고, 주된 시야는 2층에서 누렸다. 건축주 가족은 이 계획안에 대찬성을 했다. 전폭적인 지지를 등에 업고 더욱 자신감 있게 안을 정리하여, 뱀처럼 긴 대지에 4개의 복층 객실, 각각의 독립된 마당을 가지는 미니펜션이 만들어졌다.

시공과정

1. 현장 바로 앞은 그야말로 오천동 여수 앞바다였다. 태풍 '매미'가 왔을 때, 파도가 마을을 덮쳤다고 한다. 건축주는 반드시 강한 콘크리트 구조로 지어야 한다고 강조했다.

2. 대지가 워낙 가늘고 좁은 형태로, 꺾이는 지점마다 대지 경계선과의 이격거리를 면밀히 체크하며 기초를 타설했다.

3. 장마철 치고는 비가 심하게 내리는 편이 아니었다. 골조공사도 순조롭게 진행되었다.

4. 거푸집 내에 단열재를 넣어서 타설하였고 연이어 2층 벽체와 지붕까지 일사천리로 진행되었다. 일단 골조가 완성되면 비를 흠뻑 맞혀서 누수되는 부분을 살필 수 있어 방수공사 전에 해당 부분을 더욱 주의하여 시공한다.

5. 여수펜션의 핵심인 외벽 울타리는 비용 절감을 위해 시멘트 벽돌로 시공하였다. 출렁이는 벽체 상황과 사선 처리를 표현하는 데도 더 적합한 재료였다.

6. 외부 공사와 동시에 진행된 실내 인테리어 목공사

7. 컬러강판과 강렬히 대비되는 울타리 목재는 남양재 계열의 '꾸메아(Kumea)' 라는 수종이다. 나뭇결이 곧고 내구성이 강하다.

8. 바다를 조망하기 위해 2층으로 올라가는 계단. 최대한 간결하게 제작하기 위해 인테리어팀이 애를 많이 썼다.

9. 외부 스터코플렉스 공사. 입자를 거칠게 시공해 질감을 표현했다.

10. 내부 도장과 조명 공사 마무리

완성된 펜션 앞에 선 건축주와 나. 법정 면적에 비해 훨씬 규모 있어 보이는 프라이빗한 바다조망 펜션이 완성되었다. 울타리가 전체 디자인의 핵심인 것은 두말할 나위가 없다.

1

<u>울타리</u>
전면 울타리와 달리 후면 울타리는 윗 공기가 넘겨다 보일 정도로 야트막한 담으로 처리하였다. 2, 3호 객실은 두 가족 이상의 단체 손님일 때 가운데 마당을 함께 쓸 수 있게 했다.

<u>전경</u>
늦은 오후 무렵의 펜션. 도로 앞으로 바로 바다가 자리해 낭만적인 풍경이 연출된다.

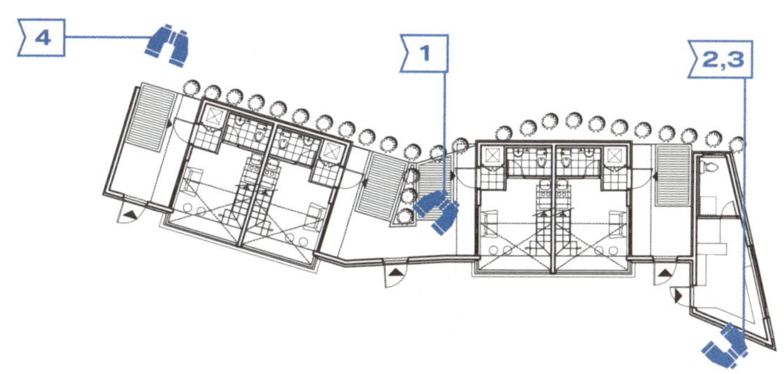

<u>야경</u>
실내의 개성 있는 모습들이 바다를 향해 표출된다.

<u>마당</u>
마당에서 통로를 거쳐 바로 바다로 나갈 수 있다.

객실 내부와 바다 조망
1~2F

1

계단
군더더기를 최소화해 개방감을 준 돌음계단

조망

2층으로 올라서면 멀리 바다 조망이 시원하게 펼쳐진다.

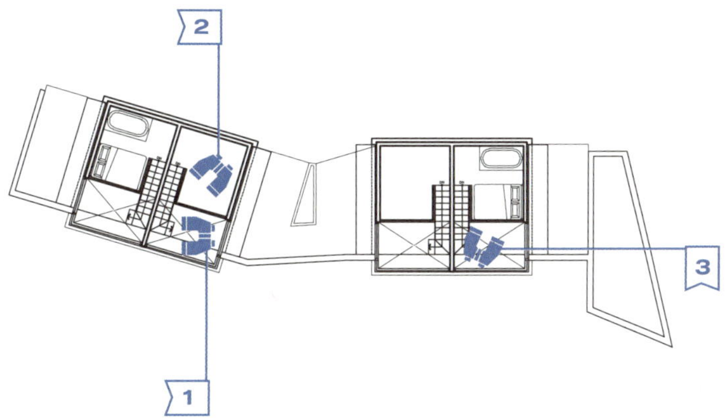

1층 내부

1층은 하늘 위주의 조망이다.

대신 밖에서는 1층 내부가 잘 들여다 보이지 않는다.

대지위치	전남 여수시 오천동
대지면적	334㎡(101.04평)
건물용도	농어촌민박형 다가구주택(펜션)
건물규모	지상 2층
건축면적	65.54㎡(19.83평)
연면적	99.5㎡(30평)
건폐율	19.62%
용적률	29.79%
구조	철근콘크리트구조
디자인	홈스타일토토
시공	하나전설(한재연)+나무박사(송대식)
디자인 기간	2011.02 ~ 2011.05
시공 기간	2011.06 ~ 2011.08

외장재	아연도강판, 꾸메아, 스터코플렉스
내장재	시멘트몰탈 위 벽지
지붕재	아연도 컬러강판
공법	기초 - 매트기초, 지상 - 철근콘크리트구조
단열	외벽 - 60㎜ 비드법1종단열재 지붕 - 100㎜ 비드법1종단열재
창호재	알루미늄프레임+복층유리
최고높이	5.5m

내벽마감	시멘트몰탈 위 벽지
바닥재	PVC장판
수전/타일/욕실기기	이누스
주방가구	사제 제작
조명	룩스몰
계단재	자작나무합판

펜션, 콤팩트한 디자인으로 면적당 수익률을 키워라

1억원대 비용으로 펜션 2채를 짓는 프로젝트를 하면서 느낀 점이 있다. 많은 30, 40대 젊은 세대가 펜션이나 게스트하우스 등을 짓고자 하는 관심이 아주 높다는 것이다. 그러나 이들의 주머니 사정은 뻔하다. 직접 번 돈으로 펜션을 짓기는 힘들고 물려받은 땅에, 또는 대출이나 투자를 일부 받아 건축하는 식이 대부분이다. 이들은 보통 숙박업 시장의 실정을 잘 모르고 핑크빛 환상만 갖고 접근한다. 마치 대한민국 대부분의 사람들이 갖고 있는 '카페 주인으로 살기' 로망과 마찬가지다. 계산기를 두드려 수익을 따지기 보다는 '잘 되겠지' 란 막연한 생각으로 출발하는 것이다. 결국 상담, 계약, 착공 단계에서 무수히 많은 이들이 떨어져 나간다. 100명이 계획을 세웠으면, 이중 실행에 옮기는 사람은 한두 명이 고작이다.

최소 비용으로 최대 효과를 얻는 설계

펜션 운영은 대자본의 숙박 시설이 아니고, 개인이 건물 하나 지어서 수익도 얻으면서 '내 멋대로' 살아보는 직업이다. 건축으로 '틀'을 잡는 것은 디자이너가 하겠지만, 그 콘텐츠를 채우는 것은 건축주 몫이다. 젊은 사람들은 오히려 체력적으로, 감각적으로 훨씬 낫기 때문에 의욕 있게 운영할 수 있는 강점은 있다.

럭셔리한 펜션은 투자 비용을 회수하는 데 오래 걸리고, 그 시점이 되면 건물이 낙후되어 또 재투자에 들어가야 한다. 따라서 최소한의 비용으로 최대의 효과를 낼 수 있는 사업성, 즉 규모를 줄이는 현명함이 절실하다. 작은 펜션은 쌓아 놓기보다는 풀어놓는 스타일이 좋다. 건물은 작고 헐렁하게 배치하고, 그 사이에 다른 요소를 넣는다. 실제 규모에 비해 커 보이는 외관을 완성할 수 있는 이점이 있다. 단, 전체적으로 통일감을 갖게 하는 배치를 고민해야 한다.

특히 복층의 개별동으로 침실 등 프라이빗한 공간은 2층으로 올리고, 아래층은 마당과 일체화시켜 주방에서 거실, 정원으로 이어지는 활력 있는 동선을 만들어 준다.

고작 하룻밤 자고, 밥하기도 귀찮아 햇반을 사서 오는 손님들에게 넓은 방은 필요 없다. 대신 다른 곳보다 저렴한 객실에 개별 야외 공간을 주어 경쟁력을 살리는 편이 낫다는 의미다.

요즘 트렌드, 렌탈하우스와 게스트하우스

요즘은 수익 때문인지 커플룸만 두는 추세가 강하다. 여기서 또 반대로 생각해 볼 수 있다. 큰 규모의 독채를 지어 통째로 빌려주는 렌탈하우스다.

실제로 운영자 이야기를 들어보니, 사용료는 높지만 청소 관리가 편하고 주말에만 운영하기에도 괜찮다는 것이다.

또한, 펜션은 커플룸, 가족룸이 섞여 있는 것보다는 한 방향을 정해서 가는 것이 낫다. 펜션에 찾아오는 방문객들은 손님들의 연령층이 비슷비슷한 것을 더 좋아한다.

요즘은 역, 터미널 인근에, 외국인 관광객이나 도보여행자들을 위한 게스트하우스를 짓는 것이 인기다.

경비가 넉넉하지 않은 여행자를 위한 도미토리룸, 땅이 넓은 경우는 캠핑촌과 함께 하는 방갈로 스타일의 건물 등도 요즘 선호도가 높다.

양평 회현리

건축주가 전하는

집에 대한 몇 가지 중요한 결정들

기초 높이는 어떻게 결정할까?

주택을 디자인 하고 건축할 때 제일 먼저 검토하는 것이 바로 기초 공사다. 뻔히 나와 있는 기초 방법을 선정하면 되지만, 실제 첫 삽을 뜰 때부터 변경이 시작되고 건축주를 골치 아프게 하는 것이 바로 이 부분이다.

1. 동결심도

먼저 우리는 '동결심도' 란 말을 듣게 된다. 동결심도란 동결 전의 노면으로부터 흙 속의 온도가 0℃ 선까지의 깊이를 말한다. 이는 곧, 기초를 지상으로부터 얼마만큼의 깊이에 설치해야 하는가에 대한 의미다.

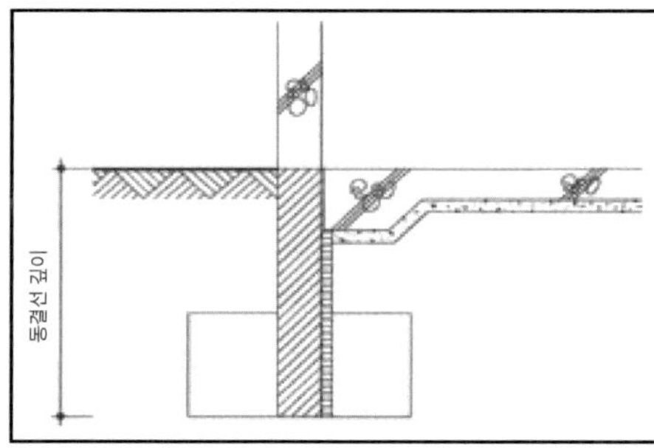

건축에서의 동결선 깊이(동결심도-개념도)

액체는 얼기 시작하면 부피가 팽창된다. 추운 겨울이 되면 땅의 부피가 늘어나게 되면서 동결선 깊이를 지키지 않은 기초판을 들어올리게 된다. 봄이 와서 땅이 내려앉았다가 겨울이면 다시 부풀어오르는 것을 반복하다 보면 건축물은 균열이 생기기 시작하고 기울기가 변한다.
즉 하자가 생긴다는 뜻이다.
우리 땅에도 집을 짓기 전에 농막을 하나 지어놓은 것이 있었는데, 2~3년 지나니 건물이 기우뚱하고, 겨울엔 문이 열리고 여름에는 문이 안 열리는 하자들이 생겼다. 따라서 이러한 하자 가능성을 최대한 줄이기 위해 건축물이 지어지는 지역의 기후 조건을 고려하여 동결선 깊이를 반영해야 한다.

동결선 아래로 기초를 해야 겨울철 지반의 수축, 팽창을 예방할 수 있다.

현재 건축 업계에서는 2007년 국토교통부에서 작성한 '남한지역 동결지수 및 동결기간' 을 최신 데이터로 본다. 이를 토대로 계산한 주요지역 동결 심도는 아래와 같다.

지역	동결심도(cm)	지역	동결심도(cm)
강릉	70.3	대전	80.0
울산	57.8	부여	72.1
춘천	140.7	대구	76.6
충주	98.3	여수	23.5
서울	123.2	진주	64.7
광주	58.8	남원	64.7
청주	107.7	전주	75.0
괴산	107.7	수원	113.5
인천	103.8	삼척	43.1
부산	25.0	순천	22.1
속초	48.4	안동	83.3
홍성	81.7	김천	68.1
포항	51.7	밀양	60.3
목포	29.2	경주	47.4

통상적으로 건축가들이 적용하는 일반적인 기준은 경기북부 · 강원도 지역은 120cm, 서울 · 경기 지역은 80~100cm, 경기 이남 지역은 60~80cm, 남부 지역은 50cm 정도다. 지역마다 일일이 기준을 적용하기엔 실질적으로 불합리한 부분이 있기에, 건축 공사를 할 때 현실적인 적용 기준으로 보여진다. 물론 이 기준을 제대로 지키지 않는 업체들이 많기도 하고, 기초에 들어가는 비용이 아까워 건축주 스스로 삭감하는 일도 비일비재하다. 주의할 일이다. 그렇다면 비교적 따뜻한 기온을 유지하는 남쪽 해안가 지역은 어떨까?

제주도를 예로 든다면 지상에 그대로 기초를 놓아도 될 것이나 건축적으로 기초가 노출되면 보기에 나쁘니 땅 속에 살짝 묻히는 정도만 해서 시공하면 될 것이다. 그러나 여기서 주의 사항은 단순히 동결 심도에 의해서만 깊이를 구해서는 안 된다는 것이다. 중요한 것은 지반의 상태이다. 토질이 무르다고 판단되는 곳은 기초를 통기초에서 줄기초로 변경하거나 여유 깊이를 더 주는 것이 맞을 수 있다. 통기초든 줄기초든 계산상으로만 기초를 확정할 순 없다. 우리 집도 처음에 땅을 파 보니 원토가 아닌 성토, 즉 흙을 채워 돋운 땅이었기에 줄기초 깊이를 약 20㎝ 더 두었다. 파일을 박을까도 생각해 봤지만, 그 정도로 토질이 무른 상황은 아니었다.

기초 공사는 추후 수정이 어렵기 때문에 후회하지 않도록 하는 것이 중요하다. 토질과 집의 자중(무게)을 잘 살펴서 매트기초로 할 것인지 줄기초로 할 것인지를 전문가 의견을 청취하여 결정해야 한다. 또한 겨울철에 기온이 영하로 내려가고 지하층이 없는 구조물의 경우에는 1층 바닥 슬래브를 'slabs on grade(지면 슬래브)' 로 하는 경우가 많은데, 이 때에도 건물의 외곽에 위치한 기초는 동결선 깊이 이상으로 해야 하며 여기에는 단열재를 부착해야 한다. 흔히 창문과 옥상으로 열기를 뺏긴다고만 생각하지만, 지하로도 끊임없이 열손실이 생긴다. 단열에 조금이라도 관심이 있는 이라면 기초 부분에 단열재를 취부해 고단열 주택에 도전해 볼 수 있다. 이를 '기초 동해 방지 공법' 이라고도 하는데, 우리 집의 경우 기초에 XPS 압출법 단열재를 사용했다.

집에 추억거리를 만드는 방법

소설가 버지니아 앤드류스는 조그마한 다락방에서 '사라지는 모든 것들', '다락방의 꽃들' 등 불후의 명작들을 집필했다. 그 외 여러 작가나 영화의 소재가 되었던 다락방은 사람들에게 단독주택의 로망으로 자리잡았다. 본인 역시 어릴 적 할아버지 댁에 있던 다락방을 호기심에 올라가 보곤 했는데, 오래된 책들이나 요상하게 생긴 물건들을 찾아낼 때마다 기묘한 느낌을 받은 기억이 있다. 또한 학창 시절엔 카페 다락방에서 독서토론을 하던 추억도 새록새록 하다. 그래서 어느 순간, 집을 짓는다면 꼭 다락방을 만들어야지 했던 막연함이 가슴 속에 있었던 것 같다.

다락방의 법적 조건과 활용

단독주택의 다락방은 건축인허가 상 바닥면적(전용면적)에서 제외된다. 다만, 다락의 층고(높이)가 평지붕일 때 1.5m 이하, 경사지붕일 때는 가중 평균높이가 1.8m 이하일 경우만 바닥면적에서 제외된다. 그리고 다락은 사실 물건을 보관하는 서비스 공간이므로 바닥난방을 하여 방으로 사용을 금하고 있다. 물론 다락방 공간을 허가면적에 포함시킨 후 사용한다면 아무 문제가 없을 것이다.

우리 집 다락방은 추후 태양광을 설치하기 위해 지붕 각도를 확보한 곳에 만들어졌다.

2층 거실과 단열을 분리할 목적도 있었고, 우리 아이들의 추억을 만들어주기 위해서도 탄생한 공간이다. 처음엔 법적 기준치에 걸리는 것 같아 고심했지만, 정식으로 증설변경 허가를 통해 적법하게 사용하니 마음이 편하다.

다락방은 건물의 최상단에 있어 단열에 취약할 수 있다. 우리집은 기본적으로 이중단열을 적용했기에 다소 유리한 점은 있지만, 난방시스템이 없어 겨울철 한기로 스산한 느낌은 있다. 추후 다락방과 2층 통로를 블라인드 처리해 열 흐름을 차단할 방법을 생각해 본다. 실제 1층과 2층 계단참에도 블라인드를 설치해 보니 1층 열기가 2층으로 올라가는 것을 막아 난방 효율이 훨씬 좋아진 바 있다. 추후 조그마하게 필름난방을 하여 다락 찜질방로 활용해 볼까도 검토 중이다.

지난 가을, 하늘이 높았던 늦은 저녁, 구름 한 점 없고 별빛만 초롱초롱할 때, 아들과 함께 다락방에 엎드려 창문을 통해 별을 세어보았다. 숫자를 세다 어느새 쿨쿨 자는 다 큰 녀석을 엎고 내려오느라 기진맥진했지만, 역시 다락방은 소소한 재미와 감동을 주는 것 같다.

한 가지 더, 경사지붕이라면 자투리 공간이 나올 수 있는데, 이를 잘 활용한다면 굳이 다락방은 아니더라도 작은 숨겨진 공간을 얻을 수 있을 것이다.

함께 사는 반려동물에 대해

어릴 적, 동물을 좋아하시는 아버지 덕에 우리 집엔 강아지, 고양이, 토끼, 흰 쥐, 자라, 심지어 박쥐까지 같이 산 적이 있다. 물론 어머니는 그 뒤치다꺼리 하시느라 힘드셨지만, 나는 당시 동물로부터 폭넓은 사랑과 교감, 감성을 배웠다고 생각한다.

그 기억을 살려 우리 아이가 5살 되었을 때, 강아지 한 마리를 맞이하기로 결정했다.

유기견이었고 어쩌면 안락사의 수순을 밟을 뻔한 '까메'를 입양했다. 이후 우리 아이의 감성은 풍부해졌고, 면역력도 높아졌다. 아파트와 양평을 오가며 또 한 번 입양 온 '누레'와 그 사이 새끼를 낳아, 이젠 반려동물 세 마리가 완전히 양평에서 터를 잡아 살아간다.

매일매일 보살펴주지 못하는 안타까움이 있지만, 맘대로 먹고 자기네끼리 뛰어 놀 수 있으니 그나마 위로가 된다.

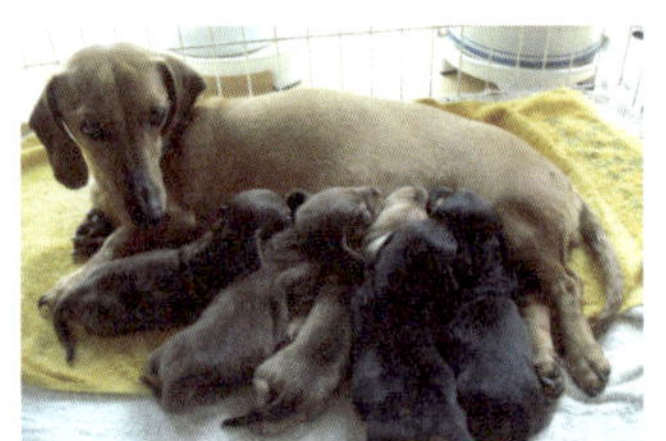

주택에서 반려동물의 관리

집 : 철물점에 가면 고무나 플라스틱으로 된 개집을 흔히 볼 수 있는데, 아무래도 나무집이 통풍이나 단열에 유리하다. 가끔 고무집에 짧은 쇠사슬로 묶여 있는 개들을 보면 반려견을 키운다기 보다는 사육한다는 느낌으로 다가오기도 한다.
망치질과 톱질을 할 수 있는 힘이 있다면 나무판자로 집을 직접 제작해 보길 권한다. 좀 더 기술이 있다면 단열재를 추가해 훌륭한 집을 만들어 줄 수도 있다. 본인도 지금 주변의 팔레트 목재를 구해 주말마다 아들과 개집을 만들고 있다. 함께 하는 시간이 너무나 즐겁다.

예방접종과 진드기 퇴치 : 이곳 회현리만 해도 고라니, 오소리, 들쥐, 꿩, 살모사 등 여러 생물들을 볼 수 있다. 사람에게는 가끔 보이는 것일지라도 개의 눈과 귀를 통해서는 접촉 가능성이 더 높다. 1년에 한 번은 꼭 복합예방접종(광견병 외)을 시켜주고, 봄부터 가을까지는 심장사상충약을 먹이고 진드기 퇴치제를 발라줘야 한다. 가끔 목욕을 시키며 몸에 이상이 없는지 살펴주는 것도 잊지 말자.

먹이와 출산 : 먹이는 매일 시간을 정해 주는 것이 좋지만, 어쩔 수 없다면 반자동급식기를 설치해 줄 수 있다. 우리의 경우는 3마리가 한 달 정도 먹을 수 있는 반자동급식기를 만들어서 사용하고 있는데 효과만점이다. 먹은 만큼 아래로 떨어지는 방식으로 소형견부터 대형견까지 적용이 가능하다. 우리집 까메와 누레는 금슬이 좋아서 지금까지 새끼를 네 번이나 낳았다.
강아지마다 생리주기가 다른데, 우리 누레는10개월마다 출산을 했다. 출산 한 달 전부터 산후 두 달까지는 집 안으로 데려와 조리를 시켜주고, 새끼도 직접 받아냈다. 젖이 나오면 일주일 안에 출산한다는 신호라는 것을 이젠 능숙하게 알게 되었다.

열회수환기장치, 설치해야 할까?

최근 들어 아파트뿐 아니라 단독주택에서도 열회수환기장치 적용이 늘고 있는 추세다. 제품은 대기업부터 중소기업까지 종류가 다양하지만, 대부분 비슷한 열회수율인 70~80% 성능을 보이고 있다.

일부 유럽 수입제품이나 특정제품이 100%에 근접하는 효율을 보인다고 자랑하지만 실험실의 데이터로 그칠 가능성도 많고, 개인적 견해로는 70% 이상의 효율이면 기본 성능은 된다고 본다. 그보다 실질적으로 중요한 것은 가격대비 효율과 유지 관리의 편리함이다.

우리 집에 맞는 용량은 어떻게 선정할까?

열회수환기장치는 여러 CMH(풍량)의 모델이 있다. CMH란 'CUBIC METER PER HOUR'로 시간당 풍량을 말한다. 우리 집의 경우는 가로 X 세로 X 천장 높이를 계산해 약 260 정도가 나와 근처 모델인 250CMH를 선정하였다. 선정 시 풍량을 되도록 여유 있게 생각하여 모델을 선정하는 것이 좋지만, 그렇다고 너무 큰 풍량은 전기세 부담과 소음 등이 있을 수 있으니 유의해야 한다. 일반적으로 업체에서 250CMH가 아파트 기준 40평형대를 커버한다고 말하고 있다.

또한 배관을 짤 때, 급기 쪽은 가급적 바람이 불어오는 쪽에 설치하며 보일러나 주방 후드, 화장실 배기와는 이격 거리를 충분히 두어 오염원이 다시 실내로 들어오는 것을 방지해야 한다.

작동의 효과

열회수환기장치를 설치하면 이론상 배출되는 실내공기에서 70~80% 이상의 열을 회수하여 흡입되는 공기에 다시 전달하여 주기 때문에 환기로 인한 실내 온도 변화는 거의 느낄 수 없다고 한다. 우리 집 역시 12월에도 외기 온도 유입에 의한 온도 차는 크게 느끼지 못했다. 제일 좋은 점은 주말에 누워 있는데, 아내가 환기한다면 창을 여는 일이 사라져 이제 이곳 저곳으로 도망 다니지 않아도 되는 점이다.

황사나 미세먼지가 있을 때도 문을 열어 환기하지 않아서 좋고, 생선을 구울 때 후드와 같이 작동시키면 비린내가 실내에 오래 남지 않아 쾌적하다.

전기세와 유지 관리비

250CMH제품의 소비전력은 최소 운전할 경우 80W, 최대 운전할 경우 180W이다. 우리 집은 초기에 새집증후군을 염려해 2개월 동안 평일 최소운전모드, 주말 최대운전모드로 연속 가동했다. 그 결과 한 달에 약 60KW의 소비전력으로 약 3천5백원 정도 요금으로 환산된다.

지금은 하루 평균 2~3시간의 환기면 족하므로 전기요금 부담은 크지 않다.

최대 운전으로 24시간 가동한다면 누진세에 유의해야 한다.

필터는 처음에는 자동차 에어필터 갈아주듯이 교체해야 하는 줄 알았는데, 세탁이 가능한 소재로 연속 사용이 가능해 유지 관리에 부담이 적다.

초등학교 시절, 처음 극장에 가서 로보트 태권브이를 봤다. 그 기억이 너무나 강렬해 40년이 지난 지금도 그때의 화면과 사운드를 잊을 수가 없다.

"그래 그 감동을 조금이나마 직접 재현해 보자!"

집을 지을 최초 기획단계부터 홈시어터 구축에 유독 신경을 썼다. 극장과 같은 현장감 있는 영상과 음향 효과를 위해 DVD 플레이어, 프로젝터, 앰프, 4개의 서라운드 스피커, 1개의 중앙 스피커, 1개의 서브우퍼 스피커를 구축했다. 디지털로 압축된 DVD 타이틀의 선명한 화질과 6개의 스피커가 전하는 입체적인 음향이 압권이다.

골조 단계에서 기기의 위치 잡기

홈시어터를 구축하면서 제일 먼저 든 고민은 어떻게 복잡한 기기들을 실내 인테리어와 어울릴 수 있도록 깔끔하게 배치할까 하는 것이었다. TV로는 화면에 한계에 있기에 120인치 스크린을 설치해야 했고, 여기에 프로젝터, 벽면을 둘러 5.1채널의 서라운드 스피커, 마지막으로 이것들을 콘트롤할 리시버와 플레이어들의 위치를 잡고 배선을 하는 일이 수고스러웠다.

제일 먼저 이들을 최대한 매립하기로 결정했다. 스크린과 프로젝트는 천장에 매립해 필요할 때만 내려서 영화를 볼 수 있도록 하고, 콘트롤 기기는 보이지 않는 곳에 배치해 티 나지 않는 형태를 갖추고자 했다.

매립할 기기들은 모두 집의 기초 및 뼈대가 완성되었을 때, 모델을 선정했다. 골조 완성 후 바로 단열재 공사, 천장 목상 공사, 전기 공사가 이루어지기 때문에 기기 선로와 설치 공간을 확보하기 위해 적합한 타이밍이었다. 목수에게 매립 기기의 외관 규격을 알려주어 설치 공간을 확보하고 전기 쪽에는 각 기기의 위치를 알려주어 기본 전기 박스에서 해당 위치까지 전선을 여분으로 내도록 알려줘야 했다. 그리고 가장 중요하게 남은 것은 기기들끼리의 매립 시그널 케이블이다.

TV – 리시버 : HDMI CABLE, SOUND CABLE, USB CABLE

리시버 – 프로젝터 : HDMI CABLE, SOUND CABLE, USB CABLE

리시버 – 스피커 : SPEAKER CABLE 6LINE

LP PLAYER – 스피커 : SPEAKER CABLE 2LINE

사진 상단의 중간이 프로젝트 설치 부위고, 늘어진 선은 모두 시그널 케이블이다. 우리는 직접 해당 케이블을 구매해 목수가 천장 공사할 때 기기까지 직접 케이블을 셋팅해 주었지만, 생각했던 위치가 정확히 맞아 떨어져 나중에 선을 이설하는 등의 문제는 없었다.

사진 오른쪽 중앙에 제어할 수 있는 케이블이 모두 모여 있는 것을 볼 수 있다. 천장에서 벽면으로 내려오는 부분은 단열재와 합판 목상 사이에 위치하게 해 나중에 석고보드에 구멍을 뚫어 위치를 잡았다.

홈시어터의 요소와 배치

흔히 스피커 구성이 2ch, 4ch, 5ch, 7ch라는 말을 하는데, 이는 스피커의 개수를 의미한다. 음악 감상용으로는 흔히 2ch 또는 2.1ch를 구성하며, 영화 감상용으로는 5.1ch(최근엔 7.1ch 까지도 구축하기도 한다)을 구성한다. 여기서 5는 스피커의 개수고 0.1은 우퍼 스피커를 말한다. 5.1채널의 성능을 제대로 느끼기 위해서는 스피커의 스펙도 중요하지만 환경 또한 무시할 수 없는 요인이다. 이것이 바로 전원형 단독주택의 장점 중 하나이기도 하다.

입체적인 음향을 느끼기 위해서는 스피커의 음 분리를 해야 하는데 배치를 먼저 잘 해야 한다. 나의 경우는 음악과 영화에 조예가 깊은 사람은 아니라 입문형으로 스피커와 리시버가 같이 구성되어 있는 ONKYO SYSTEM을 선택했다. 물론 추후 필요 시 전문스피커로 교체가 가능한 분리형 시스템이다.

Front
청취자의 전방에서 좌우로 위치하게 두고 청취자의 귀 높이와 맞춘다. 일반적으로 가장 중심이 되는 스피커로 음성을 제외한 중요한 사운드를 재생한다.

Center
청취자의 직선방향인 전방에 위치하고 영화 감상 시 또렷한 음성 출력이 주목적이다. 세트가 아닌 별개 구매를 한다면 프론트와 함께 가장 높은 비중을 차지하게 되는 스피커다.

Sub Woofer
초저음 전용 스피커로 방향성이 없기 때문에 우퍼의 위치는 개인적 취향대로 배치하면 된다. 일반적으로 프론트 스피커와 센터 스피커 사이에 둔다.

Rear
청취자의 옆 또는 뒤에 위치한다. 주변 소리 등을 많이 재생시키기 때문에 청취자의 귀보다 높은 곳에 두면 좋다.

리시버
리시버는 스피커 시스템과 여러 종류의 멀티 미디어 기기(Blue lay, TV, Projector등)를 연결해주는 장치로 앰프 내장 기능과 차세대 음향 지원, 3D지원, HDMI지원 등의 기능이 있는 것을 선택한다. 여러 제품들이 있지만, 초보자들에게는 야마하, 온쿄 등이 무난한 제품으로 보아진다. 현재 리시버에는 메인TV, Projector, 다음TV(리시버 위) 등이 연결되어 있다.

외부용
학창시절부터 아내와 함께 모아 온 LP를 듣기 위해 집짓기 전, 농막에서 애용하던 LP-Player(크로슬리)를 집 외부 데크에서 듣기 위해 외부 방습 스피커와 연동하여 살려 냈다. 오리지널은 아니지만, 현대적 감각에 맞게 제작된 LP+CD Player이다. 데크에서 커피 한 잔 마시고 흘러간 옛 음악을 들으면 감회가 새롭다.

프로젝트 선택과 설치

보통 가정용 프로젝터는 천장에 고정형으로 설치하지만, 집 내부에 여기저기 돌출되는 스타일이 싫어 매입형으로 구성했다. 천장 목상 위로 약 600㎜ 여유공간이 있어야 하기 때문에 설계 시부터 반영되어야 하는 부분이다. 업다운은 무선 리모콘으로 한다. 홈시어터용 프로젝터로는 ANSI는 낮고 해상도와 명암비가 높은 것을 주로 선택하지만, 주말 낮에도 TV를 보거나 아이에게 애니메이션 영화를 보여줄 수 있도록, 적당한 ANSI의 제품을 선정했다. 3000ANSI 정도면 낮에도 기본 커튼으로 화면 밝기를 확보할 수 있다.

해상도는 아무래도 높을수록 좋다. 풀HD(1920 x 1080)와 SVGA(800 x 600) 해상도는 화질 차이가 확실히 있다. 하지만 모든 것을 만족시킬 순 없기에 입문용으로는 풀HD해상도보다 낮은 WXGA(1280 x 720)이나 XGA(1024 x 768)급으로 선택해도 무리가 없다. 적당한 해상도에 고 명암비, HDMI입력, DLP방식(또는 LCD방식) 프로젝터면 가정용으로는 손색이 없다.

본인이 선정한 사양은 3,200ANSI, 명암비 10,000:1, 해상도 WXGA, DLP방식, 3D지원, HDMI지원이다.

스크린 선택과 설치

원단은 화이트 매트계열을 선택하였고 스크린과의 시청거리가 4m 정도이기에 120" 규격을 선정했다. 설치 역시 천장 매입 무선 작동으로 시공해 눈에 거슬리지 않는다. 전동식은 모터의 고장을 우려해 독일 솜피 모터를 내장한 제품을 선택했다.

주로 노트북으로 재생을 하는데, 노트북-리시버-프로젝터 모두가 HDMI SIGNAL로 연결되어 신호 손실 없이 720P와 1080P의 영상 및 AC3, DTS의 5.1CH 음향을 즐길 수 있게 되었다. 리시버와 프로젝터가 모두 3D지원을 하기에 다음에는 3D영화에 도전해 볼 생각이다.

매입형 조명,
바리솔에 대해

바리솔(Barrisol Stretch Ceiling System)은 프랑스 NORMARU S.A.S사의 특허 마감재로, 벽이나 천장에 고정시킨 몰딩에 특수 PVC시트를 당겨서 걸 수 있는 조명 마감시스템이다. 예전에는 이런 식의 특이한 조명을 설치하기 위해서는 동일한 형태의 아크릴, 유리틀을 짜서 끼워 넣어야 했지만 바리솔은 그런 번거로움을 없애고 틀을 설치한 다음, PVC 시트를 당겨 거는 형식의 공정으로 시공이 이루어진다. 획기적으로 공정을 줄인 혁신적인 제품인 만큼 가격도 만만치는 않다. 과거 5~6년 전만 해도 엄청난 시공비에 엄두를 못 냈지만, 최근 조명기구 업체들의 활발한 마케팅 덕분에 단가는 많이 내려간 편이다.

바리솔 시스템과 설치 방법

바리솔 시스템(Barrisol Stretch Ceiling System)은 3가지 부분으로 구성되어 있는데, Barrisol(바리솔) 특수PVC 시트, 시트 가장자리 전체에 부착되어 레일과 시트를 고정시켜 주는 PVC Harpoon edge(하푼 엣지), 벽체(천장) 알루미늄 레일이 그것이다.

우리 집의 경우는 거실 2 X 3m 규격, 안방의 1.5 X 1.5m 규격, 부엌의 1 X 0.4m 규격, 600㎜ 원형 규격을 적용하였다. 바리솔의 최대 단점인 마감 후 등기구 교체가 어렵다는 것 때문에 원터치 착탈 시스템으로 선정했다. 등기구는 수명이 긴 LED를 쓰는 게 정석이지만, 조금이나마 현실적으로 운용하고자 거실과 안방은 원터치 착탈 레일시스템과 T5형광등 조합으로 정하고 주방은 고정형 LED로 설치했다.

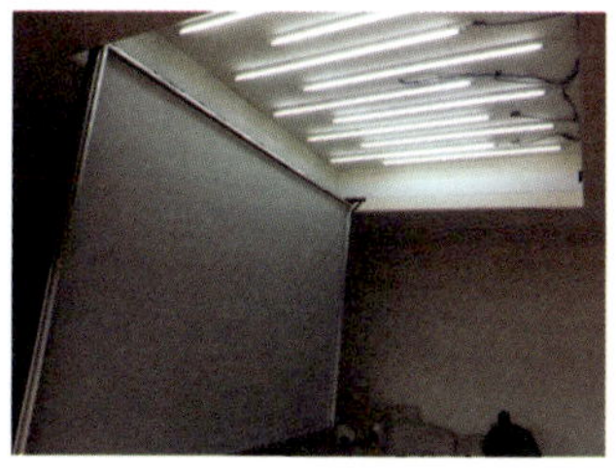

원터치 착탈 방식을 선정한 가장 큰 이유는 시골 벌레들 때문이다. 천장 마감 틈이 1㎜ 이내의 완벽한 시공이라면 고정형으로 시공해도 벌레가 들어올 틈이 없겠지만, 그렇지 않다면 하루살이나 기타 조그만 벌레들이 침투할 여지가 있을 것이다. 가끔 하루살이가 보이면 열어서 툭 털고 다시 닫는 식으로 사용하고 있다.

주방 쪽의 컬러 LED는 무선 리모컨으로 무지개 색상 조절이 가능해 색다른 느낌을 주었다.

바리솔 설치 비용

1. 거실의 2X3m 규격 1개→\1,600,000
2. 안방의 1.5X1.5m 규격 1개→\1,000,000
3. 부엌의 1X0.4m 규격 2개→\600,000
4. 600㎜ 원형규격 2개→\600,000

(위 금액은 바리솔 시트의 설치비며 천장틀, 등기구 시공비는 별도다.)

가장 철저해야 할 옥상 방수

평슬래브 타입의 옥상 방수는 구조상 수분이 침투할 소지를 안고 있다. 이것을 좀 더 근원적으로 방지할 방법은 없을까? 이는 본인도 집을 지으면서 가장 고심했던 부분이기도 하다. 이미 철근 콘크리트 뼈대 단계에서 옥상 누수를 확인했기에 이것은 아주 고질적으로 두고두고 고민하게 만들었다.

슬래브 콘크리트 타설이 전문가들에 의해 정교하게 이루어지고 보강으로 방수몰탈을 치고 에폭시 방수가 이루어졌다면 초기 누수는 없었겠지만 그 부분을 제대로 하지 못해 후회가 컸다. 그래서 기존의 방수 방법으로는 수년 후 또 문제가 생길 것 같아 방수에 만전을 기하기로 했다. 그래서 선택한 방법이 시트 방수이다.

시트 방수의 선택과 시공

시트 방수에도 여러 종류가 있는데, 나는 합성 고분자 계열의 시트 방수를 택했다. 비슷한 류의 비닐계 시트들은 태양광에 의한 내후성이 부족하고 물리적 손상에 약점이 있지만, 최근 기술의 발달로 고분자 시트들이 생산되고 있어서 이를 과감하게 적용해 보기로 했다. 유럽쪽 수입 제품들도 있지만 우리나라 대기업 화학회사 제품도 스펙상으로는 결코 뒤지지 않는다.

색상은 기존의 에폭시 색감과 비슷한 초록, 회색의 제품도 있지만, 나는 화이트계열로 택했다. 여름철 자외선 반사의 효과도 얻고자 했기 때문이다. 또한 시트 하단과 콘크리트 사이에는 약 5㎜ 두께의 완충재를 깔아서 겨울철 단열을 보강하고 시트의 물리적 눌림에 의한 손상을 보완했다.

시트는 롤 형태로 이어 붙일 때 가열 접착방식을 이용하기 때문에 시트가 서로 완전히 접착되었는지 꼼꼼히 확인하는 것이 가장 중요하다. 접착이 들뜬다면 허사이기 때문이다. 장마 전 시공을 완료하여 겨울을 맞이한 현재까지는 매우 흡족한 방수 성능을 보이고 있다. 스펙은 10년 이상이라고 하지만, 5년 이상만 문제 없이 버텨 준다면, 비슷한 금액으로 에폭시나 우레탄으로 방수하는 것보다 훨씬 효율적이라 판단한다.

시공상 문제점은 시트를 옥상 바닥뿐 아니라 바닥면에서 이어진 측면 벽부까지 감싸는 형태로 해야 완벽한 방수 성능을 보장받는데, 우리 집의 경우 2층 거실과 연결된 면이 감싸는 시공이 안 되어 이 부분도 유심히 체크하는 중이다.

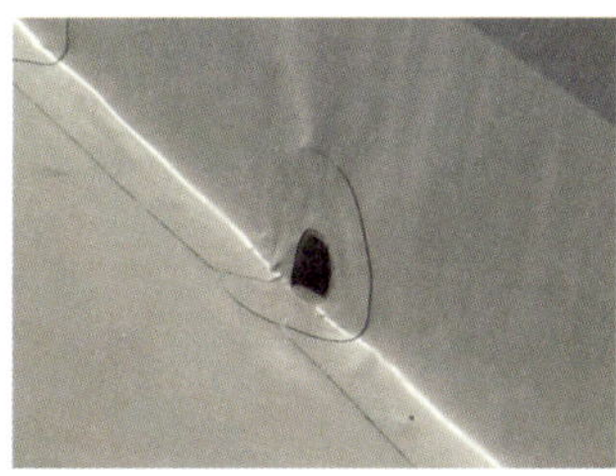

요즘 단독주택은 경사 지붕이 주를 이루지만, 구조상 평슬래브가 필요한 부분이 있을 수 있기 때문에 참고할 만한 사항이다. 지금은 시트 방수 후, 그 위에 데크 공사를 추가해 옥상을 사용하고 있다.

마치며

책에 실린 내용은 이미 과거의 작업들이 되었다.

고로 '이것이 정답이다' 라기보다는
내 집 짓기를 계획하는 많은 이들에게 하나의 조언자 역할을 하길 바라는 마음이다.

현재 디자인 진행 중인 주택들이 잘 빚어지면
다시금 정리해서 후속 책을 기획할 예정이다.
한 분야에서 꾸준히 작업을 지속하는 모습을 보이고 싶다.

언제나 바쁘다는 핑계로 신경을 쓰지 못한 양가 부모님과 아내 이하림,
항상 웃는 낯으로 아빠를 대해주는 아들 찬규, 준규에게 감사를 전한다.
함께 일하고 있는 파트너 건축가 정신애 실장과
현장에서 늘 구슬땀을 흘리는 JCON 황소진 소장님을 비롯한 여러 시공자분들께
심심한 감사를 드리며 그 가족들에게도 항상 행운이 깃들기를 기원한다.
그리고, 책의 기획과 편집을 위해 애써 준 주택문화사 식구들의 건승을 빈다.

끝으로 자신들의 꿈이자 터전인 집을 엮어 책이 나올 수 있게 해 준,
건축주들에게 진심을 다해 고마움을 전한다.
그들이 그 집에서 감동 있는 삶을 살기를 더없이 바라고 있다.

저자 임병훈

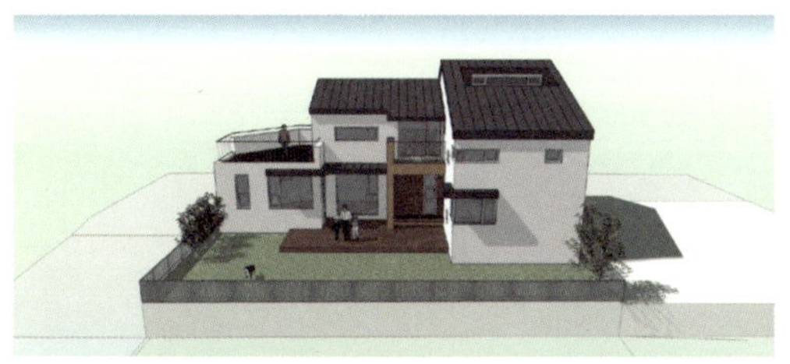

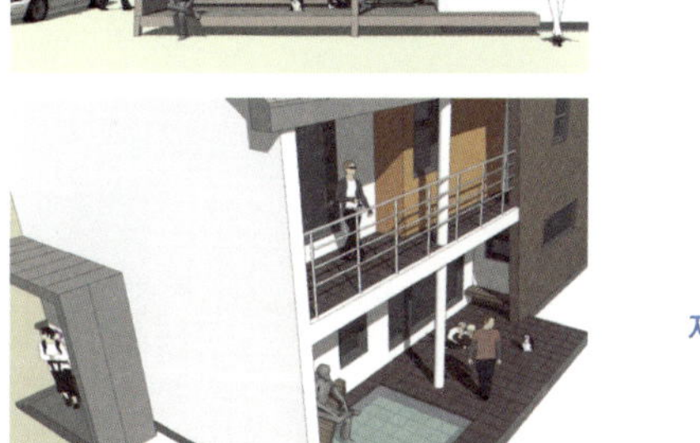

경남 통영주택

대전 유성주택

강원 춘천주택

경북 상주주택

제주 노형동주택

전북 남원주택

경기 용인주택1

경기 용인주택2

경기 화성주택

-

Coming soon

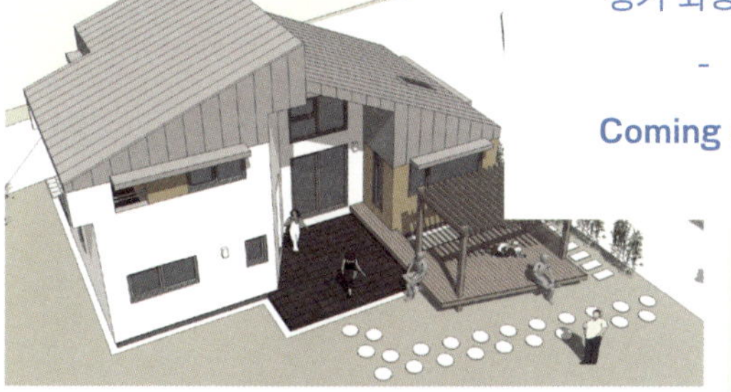